청소년상담가이드
한국형에니어그램 진로 및 학습유형검사 적용

윤 운 성 저

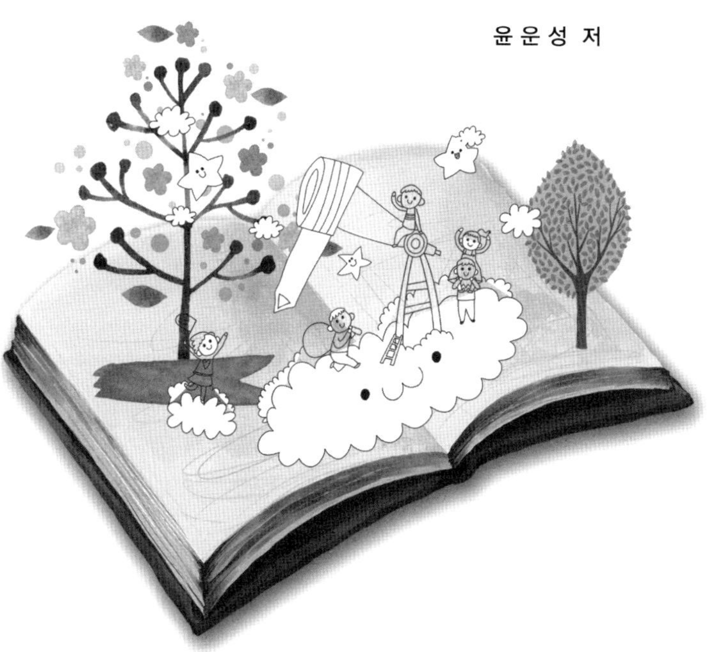

머 리 말

　현대사회의 과학기술 발달은 생활의 편리함과 물질적인 풍요를 제공하였다. 이러한 긍정적인 측면에도 불구하고 여러 가지 사회적인 문제도 파생되게 되었다. 그 중의 하나가 청소년 문제이다. 직업세계의 변화, 가족구조 및 생활양식의 변화, 가치관 및 태도의 변화는 청소년들로 하여금 부적응 현상을 초래하여 청소년문제를 발생시키게 되었다. 특히 가정의 약화된 교육적 기능과 입시 위주의 학교체제는 청소년 위기를 가중시키고 있어 보다 적극적인 상담의 필요성이 제기된다. 하지만 현재의 학교 상담실은 여러 가지의 인적 요인과 환경적인 요인으로 인해서 상담의 본래적인 기능을 제대로 발휘하지 못하는 실정이다.

　청소년은 미래의 주인공이며 국가발전의 원동력이다. 청소년은 고도의 지적 능력의 개발과 함께 풍부한 감수성과 인간미 넘치는 따뜻한 마음으로 자기를 실현해야 할 것

이다. 청소년은 자신의 정체감을 바탕으로 아름다운 세상을 건설하며 행복한 삶을 영위해야 할 것이다.

  본서는 청소년의 문제점을 이해하고 이를 바탕으로 청소년들에게 꿈과 희망을 주고자 개발된 상담가이드이다. 특히 청소년의 진로 및 학습의 중요성을 인식하고 개발된 한국형에니어그램-진로및학습유형검사(KEPTI-CLS)를 통하여 스스로 진로와 학습유형을 탐색하고 학교생활만족도 향상에 기여할 것이라 확신한다.

  본서의 내용은 1장 상담의 개관, 2장 청소년상담의 특징, 3장 청소년의 문제, 4장 청소년의 이해, 5장 청소년의 사회적 발달과 진로, 6장 한국형에니어그램 진로 및 학습유형검사, 마지막에는 부록으로 이루어져 있다.

  필자가 살아본 우리의 세상은 그런대로 살만한 가치와 의미가 있어 보인다. 필자도 젊은 시절 방황과 혼돈의 시기도 있었지만.. 50대 후반에서 바라본 청소년기의 꿈과 희망이 아련히 떠오른다. 우리 청소년들이 꿈을 꾸면서 오늘의 고통과 고민이 먼 훗날 미래에 아름다운 추억이 되길 기

원한다. 이 책을 탈고하면서 그 동안 원고를 정리하면서 교정해온 본연구소의 김은비 팀장에게 감사를 드린다. 그리고 우리의 청소년들의 꿈이 실현되길 바라는 모든 사람과 함께 출간의 기쁨을 나누고 싶다.

2013년 7월

한국에니어그램교육연구소장/
청소년리더십진로교육센터장

윤 운 성

목 차

1장 상담의 개관 _7

2장 청소년상담의 특징 _59

3장 청소년의 문제 _77

4장 청소년의 이해 _105

5장 청소년의 사회적 발달과 진로 _145

6장 한국형에니어그램 진로 및

　　 학습유형검사 상담가이드 _177

부록 _223

1_ 진로 및 학습유형검사

2_ 직업선택표 작성방법

1장
상담의 개관

1. 상담의 의미와 목표

 상담은 상담자가 전문적인 지식과 기능을 가지고 내담자가 처해 있는 자신의 입장과 환경을 이해하며, 합리적이고 현실적이며 효과적인 행동양식을 증진시키거나 의사결정을 내릴 수 있도록 조력해 주는 활동으로 이해할 수 있다.

 이러한 상담의 의미는 어떠한 측면을 강조하느냐에 따라서 입장을 달리하고 있다.

 관계형성 또는 상호 참여를 중시하는 입장에서 상담이란 전문적으로 훈련을 받은 능력있는 상담자와 보다 나은 자기이해와 문제해결과 발전적 성장을 위한 개선된 의사결정과 행동의 변화기술을 얻기 위하여 개인이 생활적응상의 도움을 찾기 위한 사이의 관계형성(Pietrofesa et al., 1978)이라 하고 있으며, Wrenn(1951)은 상담이란 학생의 필요와 특징에 따라 변화될 수 있는 절차 속에서 두 사람 사이의 역동적이며 목적있는 관계이며 학생이 자기명료화와 자기결정에 초점을 두고 상담자와 내담자 사이의 상호 참여가 언제나 있어야 하는 것이라고 한다.

 선택과 적응을 주요 관심사로 여기고 있는 Jones(1966)는 상담을 현명한 선택과 적응을 위한 전문적 활동이라 보고,

Tyler(1969)는 상담을 개인적 발달의 방향으로 현명한 선택이 이루어지도록 촉진하는 것이라고 보고 있다.

학습과정으로 이해하는 경우도 있다. 이재창(1988)은 상담을 전문적인 훈련을 받은 상담자가 도움을 필요로 하는 내담자에게 자신과 주위 환경에 대한 이해를 촉진시킴으로써 적응과 발달을 할 수 있도록 행동의 변화를 가져오게 하는 상호작용의 학습과정으로 정의하였고, 이장호(1984)는 도움을 필요로 하는 사람이, 전문적인 훈련을 받은 사람과의 대면관계에서, 생활과제의 해결과 사고·행동 및 감정 측면의 인간적 성장을 위해 노력하는 학습과정이라고 하였다.

상담의 의미에 관한 이해를 돕기 위해서 Patterson(1977)이 말하는 상담의 특성을 제시하면 다음과 같다(김충기, 1996).

① 상담은 내담자의 자발적인 행동변화에 영향을 미친다.
② 상담의 목적(개인의 선택권이나 독립적·자율적으로 되는 것과 같은 조건)은 자발적인 변화를 촉진시키는 조건을 제공하는 것이다.
③ 모든 관계와 마찬가지로 내담자에게 한계가 주어진다(상담자의 가치관과 철학에 의해서 영향을 받게 되는 상담목표에 의해서 제한을 받게 된다).

④ 행동변화를 촉진시키는 조건이 면접을 통해서 제공된다(모든 면접이 상담은 아니지만 상담은 항상 면접을 수반한다).
⑤ 경청이 상담에서 수행되지만 모든 경청이 상담은 아니다.
⑥ 상담자가 내담자를 이해한다.
⑦ 상담은 사적인 상황에서 이루어지고, 상담 내용은 비밀이 보장된다.
⑧ 내담자는 심리적인 문제를 가지고 있고 상담자는 심리적 문제를 가지고 있는 내담자와 더불어 문제를 해결하는 기술을 가지고 있다.

결국 상담은 상담자의 도움을 받은 내담자가 자신의 성장과 발달을 이루어가는 과정으로 이해할 수 있다. 상담의 궁극적인 목적이 내담자의 성장과 발달을 촉진하는 과정으로 본다면 다음과 같은 구체적인 목표를 제시할 수 있다.

1) 행동변화

개인이 좀더 생산적이고 행복한 생활을 하는 데 방해가 되는 행동을 감소시키거나 제거시키고, 개인이 만족하고 성공적인 생각을 하는 데 도움이 되는 행동을 형성하거나 증가시키는 것이 상담의 중간 목표가 될 수 있다. 변화가 필요

한 행동이 어떠한 것인가를 구체적으로 표현할 수도 있다. 타인과의 관계, 가족 상황, 학업 성취, 직업상의 적응, 일상생활습관 등과 같이 어떠한 영역에 관련된 행동변화가 필요한가를 중심으로 상담의 목표를 진술할 수도 있다. 지적인 능력에 비하여 낮은 학교 성적을 향상시킨다든가, 형제간의 갈등을 해소한다든가 하는 것이 그런 예라고 하겠다.

이와는 달리 상담의 목표를 욕구좌절에 대한 독특한 행동양식을 변화시키거나 다른 사람이나 자신에 대해 지니고 있는 태도를 변화시키는 것을 가리키는 경우도 있다. Rogers(1965)는 상담의 결과로 위협을 덜 느끼고 불안을 덜 느끼며 이상적인 자아와 지각된 자아 사이에 조화를 이루는 것이라고 하였다.

2) 정신건강의 조화

상담의 목표로 정신건강의 증진을 지적하는 사람들이 있다. 정신질환을 예방하는 것이 생활지도나 상담의 목표라고 하는 주장은 상담의 목표가 단순한 부적응행동의 치료에 멈춘다기보다 좀더 적극적으로 정신건강을 촉진하는 것이라고 하겠다. 만약에 정신건강이 이루어지기만 한다면 개인은

성격적인 통합을 이루게 되고 잘 적응하게 되며 건전한 인간관계를 형성할 수 있게 되리라고 생각하고 있다. 정신적으로 건강한 사람은 책임감이 있고 독립적이며 인격적으로 성숙하다. 그러므로 상담에서는 정신질환의 원인이 되는 여러 가지 병리적인 요소를 제거하거나 수정해야 할 필요를 강조하는 경향이 있다.

흔히 정신건강의 문제를 중심으로 생각하는 입장에서는 정신건강의 문제 영역을 상황적인 문제, 성격적인 문제, 신경증의 문제, 정신병의 문제 등으로 구별하는 경향이 있다. 그리고 이러한 입장에서는 상담이나 생활지도의 노력이 아동으로 하여금 일상생활에서 경험하는 욕구좌절이나 갈등을 현명하게 그리고 현실적으로 다루는 능력을 기를 수 있게 하고, 건전한 성격을 발전시키기 위한 활동을 중심으로 이루어져야 한다고 강조한다. 모든 사람이 성격적으로 좀더 현실적이고 합리적이고 생산적으로 되도록 하는 것이 결국 정신건강을 증진하는 것이라 하겠다.

3) 문제의 해결

상담의 목표는 피상담자가 상담관계에 가지고 오는 문제

가 무엇이건 이를 해결하는 것에 있다고 보는 관점이 있다. 상담이 필요하다는 것은 그들이 스스로 해결하기 어려운 문제를 지니고 있기 때문이다. 상담자를 찾아오는 사람은 자신의 문제를 해결함에 상담자가 어떠한 도움을 줄 수 있다고 믿기 때문이다. 그렇기 때문에 상담이란 내담자의 문제를 해결하는 것을 목표로 해야 한다.

그러나 상담의 목표로서 문제해결이 무엇을 가리키는 것인지는 그렇게 간단한 문제가 아니다. 문제해결을 자아실현과 동일시하는 것도 가능하며 동시에 내담자 자신의 문제라고 할 수도 있기 때문이다. 자아실현은 상담의 목표들을 성취함으로써 궁극적으로 지향하는 방향을 제시하는 것이며, 내담자들이 문제라고 말하는 것은 대개의 경우 현실적으로 느끼는 심리적인 고통을 가리킨다. 그러므로 상담의 목표를 문제해결이라고 할 때 문제를 어느 수준에서 누구의 문제를 중심으로 보느냐는 것을 명백하게 할 필요가 있다.

문제해결을 상담의 목표로 하는 경우 가족 또는 가정문제, 학교문제, 교우관계문제, 경제적인 문제, 행동이나 습관의 문제, 심리적인 문제 등으로 구분하여 생각할 수도 있다. 문제해결을 상담의 목표로 규정할 경우, 상담은 학생이 지니고 있는 문제를 우선 해결하는 것에 중점을 두어야 한다.

4) 개인적 효율성의 증진

아동의 사고·행동·결정의 효율성을 증진하는 것이 상담의 목표라고 보는 관점이 있다. 효율이란 현대사회에서 상당히 큰 비중을 차지하는 가치이다. 능률과 생산성은 특히 산업사회에서 더욱 강조되는 인간의 특성에 속한다.

상담의 목표를 생산적인 사고를 증진하고 적응적인 인간관계를 형성하며, 다양한 문제상황에 효과적으로 대처하는 능력을 기르는 것에 두는 것이다. 심리적 효율성, 경제적인 효율성, 사회적인 효율성의 증진을 상담의 목표로 보는 견해는 이론적인 논의에서보다는 오히려 실천적인 논의에서 더 흔하게 볼 수 있다.

5) 의사결정

어떤 사람들은 상담의 목표란 아동이나 그 밖의 내담자가 중요한 의사결정을 하도록 돕는 것에 있다고 주장한다. 여기에서 상담자는 스스로 어떠한 결정을 내리지 않으며 결정은 어디까지나 내담자 자신이 해야 한다는 점을 밝혀둔다. 또한 의사결정이 이루어질 때 왜 그러한 결정을 하는 것

이며 그러한 결정을 어떻게 수행할 수 있는지에 관해서도 내담자 스스로가 명백하게 알고 있어야 한다. 선택의 결과로 개인이 치러야 할 희생이 무엇이며 시간, 노력, 금전, 모험 등이 얼마나 필요할 것인지도 이해하고 있어야 한다. 하나의 선택은 다른 것의 포기를 의미하는 것이기 때문이다.

상담에서는 개인이 선택하고 결정하기 위해 필요한 정보를 제공하고 의사결정에 개입하는 정서적인 문제나 심리적인 특성을 확인하고 분석하며 장애가 되는 측면을 극복하도록 한다. 이러한 관점에서 상담은 의사결정이 효율적이고 합리적으로 이루어질 수 있도록 원조하는 것을 목표로 한다고 할 수 있다. 어떠한 선택을 평가하고 계획하며 실천하는 것이 상담의 목표라고 보는 관점은 특히 진로 결정을 위한 상담에서 두드러지게 나타난다.

그러므로 이러한 관점의 상담에서는 선택과 결정의 필요를 내담자가 인식하여 이에 요구되는 정보를 수집·평가하고 선택하는 인지적인 기능을 증진하며, 관련된 정서적인 태도를 함양할 것을 강조하게 된다. 결과적으로 현재 부딪히고 있는 선택이나 결정을 합리적으로 하도록 할 뿐만 아니라 미래에 직면하게 될 선택과 결정을 효율적으로 할 수 있도록 원조하는 것을 상담의 목표로 보는 것도 여기에 해

당된다(박성수, 1991).

2. 상담의 기본 원리

1) 개별화의 원리

'개별화'는 내담자의 독특한 성질을 알고 이해하는 일이며, 적응을 잘 할 수 있도록 각 개인을 원조함에 있어서 상이한 원리나 방법을 활용하는 것이다. 따라서, 개별화란 인간을 개별적 차이를 지닌 특정한 인간으로서 취급해야 한다는 것이므로 소위 내담자의 권리와 욕구로서의 개별화라고 표현함이 더 실감을 갖게 된다.

그러므로 개별화의 원리가 지켜지려면 다음과 같은 전제가 필요하다.

① 상담자는 편견이나 선입관으로부터 탈피해야 한다.
② 인간행동의 유형과 원리에 대해 전문적으로 이해하려고 해야 한다.

③ 내담자의 말을 경청하고 세밀히 관찰해야 한다.
④ 내담자의 보조에 맞추어 진행할 수 있어야 한다.
⑤ 인간의 감정 변화를 민감하게 포착해야 한다.
⑥ 내담자의 견해차가 있을 때 앞을 내다보는 능력을 가족 적절한 선택을 해야 한다.

이와 같은 전제에서 개별화를 위한 구체적 방법은 다음과 같은 것이 있다.

① 상담면접의 시간이나 환경 분위기에 세밀한 배려를 해야 한다.
② 특별 시설이나 상담실을 이용함으로써 비밀 준수와 신뢰감을 의식하도록 해야 한다.
③ 약속시간을 엄수하되 만약 어겼을 때는 납득할 수 있는 이유를 제시·설명해 주어야 한다.
④ 충분한 사전 준비를 갖추어야 한다.
⑤ 내담자 자신의 활동을 적극 권장시켜 주어야 한다.
⑥ 지도방법에 융통성을 갖도록 해야 한다는 점 등이다.

2) 의도적 감정 표현의 원리

의도적인 감정 표현은 내담자가 그의 감정, 특히 부정적

감정을 자유롭게 표명하려는 그의 욕구에 대한 인식이다. 다시 말하면, 내담자가 의도적으로 감정을 표현하는 것은 다음과 같은 욕구가 있기 때문이다.

① 수용받고 싶은 욕구
② 개인적 존재로 대우받으려는 욕구
③ 시설이나 기관으로부터 원조받으려는 욕구
④ 상담자와의 관계를 수립하려는 욕구
⑤ 자기의 문제를 해결하고자 하는 욕구들이 작용하기 때문이다.

따라서, 이같은 욕구가 동기가 되어 감정 표현을 하게 되는데, 내담자에게 미칠 수 있는 효과는 다음과 같다.

① 압력이나 긴장으로부터 내담자를 완화시켜 준다.
② 문제나 내담자 개인을 이해하게 해 준다.
③ 심리사회적인 지지의 형태인 동시에 그의 부정적인 감정 표현 자체가 진정한 문제일 수도 있다.

그러므로 상담자는 내담자의 감정 표현을 비난하지 말고 낙심시켜서도 안 되며 오히려 끝까지 경청해야 한다. 상담에 있어서의 의도적 감정 표현의 원리는 다음과 같다.

① 내담자가 긴장을 풀도록 제반 조치를 강구해야 한다.
② 허용적 태도 조성을 위하여 내담자의 감정 표현을 경청해야 한다.
③ 내담자의 감정 표현을 적극적으로 자극하고 격려해야 한다.
④ 적절한 속도로 상담을 이끌어야 한다.
⑤ 비현실적인 보장이나 너무 빠른 초기의 해석을 삼가야 할 것 등이다.

3) 통제된 정서 관여의 원리

상담은 주로 정서적인 면에 관련되어 있으므로 상담자는 내담자에게 그 감정을 말로 표현하도록 권고하여야 한다. 상담자는 이들 감정에 호응하기 위하여 정서적으로 관여함에 이른다. 그런데 이 정서는 통제되어 있는 것이므로 개별적인 상담의 목적과 내담자의 욕구 변화에 따라, 또는 상담자의 전진적·진단적인 사고에 따라 그 방향이 결정된다. 따라서, 상담에 있어서 통제된 정서적 관여의 원리를 지키려면 내담자의 감정에 대한 상담자의 민감성과 감정이 의미하는 것에 대한 이해, 그리고 내담자의 감정에 대한 의도적 적절한 반응이 필요하다.

4) 수용의 원리

　수용이란 내담자의 장·단점, 바람직한 성격과 그렇지 못한 성격, 긍정적인 감정과 부정적인 감정, 건설적·파괴적 태도나 행동 등을 있는 그대로 이해하여 그의 존엄성과 그 인격의 가치에 대한 관념을 유지해 나가는 행동상의 원칙을 말한다.

　따라서 수용의 대상은 선한 것만이 아니고 전정한 것, 있는 그대로의 현실이어야 한다. 또한 수용의 목적은 치료적인 데 있기 때문에 다음과 같은 측면이 구비되어야 한다.

① 상담면접은 내담자 중심으로 진행해야 한다.
② 내담자의 자조의 욕구와 권리를 존중해야 한다.
③ 상담자는 기꺼이 자기행동을 관찰하며, 직업적인 이해와 책임에 비추어 평가해야 한다. 즉, 상담자가 내담자에게 정서적으로 반응할 수 있기 위해서는 먼저 자기의 감정이나 태도를 이해할 수 있어야 한다.
④ 상담자의 반응은 기관(상담실)의 기능(가능성)에서 이루어져야 한다.

　반대로 수용의 원리에 장해가 되는 요소는 다음과 같다.

① 인간의 행동양식에 관한 불충분한 소양
② 자기의 생활 속에 현실적으로 처리할 수 없는 갈등이 있으면 내담자의 현실적 갈등도 처리할 수 없게 된다. 즉, 자기 속에 있는 어떤 요소를 수용할 수 없는 것이 수용의 원리에 부정적 요인으로 작용
③ 상담자의 감정을 내담자에게 이전하는 것
④ 상담자의 편견과 선입관
⑤ 보장할 수 없으면서도 말로만 안심시키는 것
⑥ 수용과 시인과의 혼동
⑦ 내담자에 대한 상담자의 경멸적 태도
⑧ 과잉 동일시

5) 비심판적 태도의 원리

　비심판적 태도는 상담에서의 한 특징이다. 이 태도는 내담자의 문제에 대해서 '자네가 유죄이다', '무죄이다', '자네가 책임져야 한다'는 식의 말이나 행동을 삼가야 한다는 것이다.
　일반적으로 무엇인가 도움을 받기 위하여 찾아온 내담자는 여러 가지 양면가치적 감정을 품고 있다. 그 중에서도 가

장 중요한 감정은 상담자로부터 '실패자', '부도덕한 녀석', '무능한 자'라는 낙인과 함께 심판이나 받지 않을까 하는 두려움을 가지고 있는 것이다. 더욱이 그들은 죄책감·열등감·고독감을 가지고 있기 때문에 타인의 비판에 대하여 극도로 민감하여, 자연히 그에 대한 방어로서 안전을 추구하는 것은 너무나 당연한 귀결이다.

상담자는 내담자의 행동·태도·가치관 등을 객관적으로 평가해야 한다. 그러나 그것은 어디까지나 내담자를 이해하기 위해서일 뿐이지 결코 비판하기 위해서는 아니다.

우리가 남의 언행을 판단한다는 것과 이해한다는 것은 전혀 별개의 문제이다. '판단한다'고 할 때는 일정한 규칙에 비추어 행위를 비판하고 이에 어긋나면 처벌함을 의미하지만, '이해한다'는 것은 단순히 객관적으로 그의 선악·지위만을 평가하는 것이다.

상담자는 내담자의 경우에 있어서 재통합을 돕기 위해 행동을 평가하지만, 결코 처벌이나 비난하려는 의미에서가 아니므로 마치 의사가 청진기를 들고 병명을 찾으려는 진지한 자세와 같은 것이다. 그러므로, 비심판적 태도의 원리가 지켜지려면 다음과 같은 자세가 견지되어야 한다.

　첫째, 상담자가 선입관의 지배를 받아서는 안 된다. 상담자도 인간인 이상 어떤 유형의 사람을 좋아하고 어떤 성격의 인간을 싫어할 자유는 있다. 후자의 경우라면, 즉 싫어하는 유형의 사람에게 비심판적이고 호의적으로 대하기란 쉬운 일이 아니다. 의식적이 아니더라도 무의식적으로 언행에 그같은 감정을 표현하게 될 것은 자명하다. 그러나 상담자는 선입관을 버리고 색안경을 쓴 채 내담자를 주관적으로 보지 않도록 노력해야 한다.

　둘째, 내담자의 보조에 맞추어 상담을 하지 않고, 내담자의 발언을 자주 가로막고, 성급한 결론으로 이끌려는 상담자의 태도가 내담자에게는 '심판적인 사람'이라는 인상을 갖게 하여 상담의 실패를 자초하게 된다.

　셋째, 분류화시키려는 자세를 취해서는 안 된다. 유사한 경우의 내담자를 비교나 예시로 참고할 목적으로 삼는다는 것은 내담자로 하여금 자기를 어떤 틀 속에 집어넣으려는 인상, 즉 심판적인 태도로 오해하기 쉽다. 따라서, 거부적이고 자기방어적인 행동을 취하게 되므로 상담의 실패를 맛보게 된다.

넷째, 대담자가 상담자에 대해서 적의와 같은 부정적 감정 표현을 할 수 있다는 것을 상담자는 알고 있어야 한다. 즉, 내담자가 어느 특정인에게 전이시키려는 현상을 흔히 인상적으로 느낄 수 있다. 이 경우에 상담자가 그같은 방어기제에 대한 사전 지식이 없다면 내담자를 이해할 수도 없으려니와 비심판적 태도의 유지도 불가능하다. 그러므로, 내담자의 그같은 감정 표현도 그를 이해하고 문제를 해결하는 데 도움이 된다는 자세를 가지고 여유있게 내담자의 문제에 대해 객관적으로 바라볼 수 있어야 한다.

6) 자기결정의 원리

상담과정에 있어서 상담자는 '자기 스스로 자기가 나아갈 방향을 결정하고 선택하려는 내담자의 결정'을 존중하며, 그같은 욕구를 결정할 수 있는 잠재적 힘을 자극하여 활동하게 할 수 있도록 지도해야 한다. 그러나 내담자가 자기결정과 선택의 자유 · 권리 · 욕구가 있다고 해서 무조건적으로 도와주자는 것은 아니다. 그들의 그같은 자기결정의 권리 · 욕구 등은 내담자의 능력이나 법률 및 도덕적 규범, 사회기관 내에서만 이루어질 수 있다는 한계를 벗어나서는 안

된다.

이를 위해서 상담자는 다음과 같은 원칙을 지켜야 한다.
① 내담자가 자기수용을 할 수 있도록 도와주어야 한다.
② 내담자의 잠재 능력, 즉 장점과 능력을 발견·활용함으로써 인격적 발전을 도모할 수 있게 자극해 주어야 한다.
③ 내담자에게 법률·제도·사회·시설 등의 광범한 사회적 자원을 알게 함으로써 자기선택·자기결정의 참고 자료로 삼도록 해야 한다.
④ 내담자가 자기결정을 할 수 있도록 상담자는 분위기를 조성해 주어야 한다. 수용적 태도나 심리적 지지를 보내는 것도 그 한 가지 방법이다.
⑤ 상담자는 문제해결을 위한 중요한 책임을 자기가 지고, 내담자에게는 사소하고 부차적인 역할만을 하도록 허용해서는 안된다. 오히려 그 반대의 입장이 되어야 한다.
⑥ 내담자가 바라는 서비스는 무시한 채 내담자의 사회적·정서적 생활에 대한 사소한 조사까지도 강행하려는 자세는 금물이다.
⑦ 내담자를 직접·간접으로 조종하려는 상담자의 자세는 삼가야 한다. 왜냐하면 그같은 방법은 내담자를 무시하고 상담자

자신의 판단에 따라서 행동의 방법을 선택하게 하려는 것이기 때문이다.

⑧ 강제적으로 설득해서는 안 된다. 왜냐하면 내담자의 선택의 자유 · 권리 · 욕구 등을 무시함은 물론 그와 같은 능력의 함양을 약화시키기 때문이다.

7) 비밀보장의 원리

비밀을 보장한다는 것은 내담자에게는 자기존중감의 체험이며, 상담자와의 인간관계의 성립을 뜻하지만, 상담자에게 있어서는 직업적 · 윤리적인 의무라고 할 수 있겠다.

가령 누설됨으로써 내담자의 명예가 훼손되는 자연적 비밀이라든지, 명예훼손까지는 안 되지만 구태여 알려지고 싶지 않아서 상담자에게 비밀로 간직해 주기를 바랐던 계약적 비밀, 제삼자에게 알리고 싶지 않거나 퍼지는 것을 꺼려하는 정보로서의 의탁적 비밀 등, 누구나 이 세 가지의 개인적 권리는 존중되고 지켜지기를 바란다. 따라서 내담자에 있어서도 이 세 가지 정보는 개인생활이나 환경에 관한 정보로서 상담자에 의해 존중되기를 바라는 것이며, 상담자에게는 비밀을 지켜 줄 윤리적 의무가 있다(장혁표, 1983).

3. 상담의 과정

상담이 시작되어서 끝나는 단계에 이르는 모든 과정은 상담자, 피상담자, 문제의 특성, 상황 등에 따라서 각각 다른 모습을 가지고 있을 것이다. 그러나 상담이 진행되는 과정을 면밀하게 관찰하면 어떤 공통된 특성을 지니고 있다. 상담의 전개과정을 상담이론가들의 견해에 따라 정리하면 다음과 같다.

1) Rogers의 12단계

① 피상담자란 도움을 받고자 온 것이다.
② 상담이라는 상황을 정의한다.
③ 상담자는 피상담자가 문제에 관한 감정을 자유롭게 표시하도록 북돋아 준다.
④ 상담자는 표출되는 부정적 감정을 받아들이고, 알아 주고, 정리해 주어야 한다.
⑤ 부정적 가정은 완전히 표현할 수 있게 된 후에는 미약하고 잠정적이기는 하지만 성격 성장에 보탬이 되는 긍정적 감정과 충동이 나타나게 된다.

⑥ 상담자는 피상담자의 부정적 감정을 받아들인 것과 마찬가지로 긍정적 감정을 인정하고 받아들인다.
⑦ 부정적 감정과 긍정적 감정을 경험하면 자기이해와 자기수용, 즉 통찰이 나타난다. 피상담자는 감정으로 인해 바르게 볼 수 없었던 현실 내지 진실을 볼 수 있게 된다.
⑧ 통찰과 뒤섞여 여러 가지 의사결정을 할 수 있는 길이 선명하게 보이게 된다.
⑨ 피상담자는 긍정적 행동을 취하게 된다.
⑩ 보다 깊은 통찰과 성장이 이루어지는 단계이다.
⑪ 피상담자는 보다 통정(統整)된 긍정적 행동을 점점 많이 하게 된다.
⑫ 이제 도움을 받을 필요를 덜 느끼게 되고 피상담자는 치료관계를 종결해야겠다는 생각을 하기에 이른다.

2) Brammer의 8단계

① 준비와 시작

상담을 시작한다는 것은 내담자에게는 커다란 용기가 필요하며 어떤 결단을 내려야 하는 일이다. 상담을 받는 것에

대한 마음의 준비가 적지 않게 필요하다. 피상담자가 상담이나 심료치료를 받으러 올 때 대개는 착잡하게 얽힌 감정과 생각을 가지고 있다. 한편 조력자가 이야기하고 해주는 모든 것을 그대로 받아들이기를 원하면서도 또 다른 한편으로는 심리적 조력을 받거나 문제를 해결하는 것 자체에 대해서 강력한 저항을 지니고 있기도 하다.

신뢰가 증가함에 따라 저항은 감소한다. 그러므로 준비와 시작의 단계에서 면접과 조력 전체에 대해서는 물론이고 조력자 자신에 대한 피조력자의 신뢰를 증가시켜 나가는 것이 카운슬링 성패의 관건이 된다고 할 수 있다.

② 명료화

이 단계에서는 내담자의 문제를 명백하게 한다. 즉, 피상담자가 도움을 청하는 원인과 문제의 배경을 밝히는 것이 명료화 단계에서 이루어지는 일이다. 모든 피상담자들이 명백히 규정된 문제를 가지고 있는 것은 결코 아니다. 대부분의 경우 문제가 모호하거나 문제에 대한 인식이 혼돈에 빠져 있다. 그러므로 조력자는 문제를 분명하게 하기 위해서 질문을 하는 경우가 많다.

③ 구조화

내담자가 왜 상담을 받으러 왔으며 또 카운슬러가 누구를 도와야 할지 명백하게 밝혀지면 상담관계를 계속 유지할 것인지 아니면 다른 곳에 의뢰할지를 결정해야 하고, 또 어떻게 카운슬링을 진행해 나갈지 결정해야 한다. 구조화는 심리적 조력의 유형과 상황에 따라서 달라진다. 전화로 삶의 위기에 대한 상담을 하는 것과 같은 경우, 상담관계의 형성은 장기적 치료를 받기 원하는 병원이나 카운슬링센터 같은 곳과는 다르다.

구조화는 심리적 조력관계의 본질, 제한점, 목표를 규정하고 카운슬러와 피상담자의 역할, 책임, 그리고 가능한 약속 등의 윤곽을 명백하게 하는 것을 가리킨다. 일반적으로 카운슬러는 피상담자가 목표에 도달하는 단계를 알도록 함으로써 어느 방향으로 상담이 전개될 것이며, 또 최종 목표에 도달하기 위해서 얼마나 오랜 시간이 걸릴 것이냐에 대해 어느 정도 분명한 생각을 가지도록 하는 것이 도움이 된다.

④ 관계 심화

앞의 단계에서 심리적 조력이 왜 필요하며 어떻게 진행되어 갈 것인가에 대해 밝혀지면 상담이나 심리치료 관계를 더 계속해 나가야 된다는 것은 자명한 일이다. 그러나 심리적 조력이 보다 잘 이루어지기 위해서는 조력자와 피조력자

사이에 기왕에 이루어진 관계를 더 심화하고 피조력자가 조력자를 신뢰하고 자신의 문제를 해결하기 위해 조력과정에 전력으로 참여하게 되는 것이 바로 관계 심화의 단계에서 이루어진다.

⑤ 탐 색

피상담자의 문제가 무엇이며 내담자의 기대가 무엇인가라는 것이 어느 정도 명확하게 되고 피상담자와 카운슬러의 관계가 깊어지면 이어서 피상담자의 문제를 해결하기 위해서 카운슬러는 보다 활발하고 적극적인 활동을 하게 된다.

탐색의 단계에서는 중요한 두 가지 질문에 관련된 활동이 전개된다. 피상담자의 문제해결이나 행동수정을 위해서 어떤 변화가 일어나야 하는가?, 도달하려는 목표를 성취하기 위해서 어떤 방법이나 절차가 이용될 수 있는가?

⑥ 견고화

카운슬링과 심리치료의 대부분의 시간을 탐색을 위해 보내게 되지만 탐색이 끝난 후 가장 적합한 대안, 방법, 사고, 행동 등을 확정하여 이를 실천해 나가는 견고화의 단계는 성공적 카운슬링에서의 결실기라 할 수 있다. 이 단계에서는 그 이전의 단계에서 제시된 많은 대안, 대체될 행동, 감

정, 사고 등에서 가장 적합한 것을 선정하여 이를 실제로 적용해 나간다. 행동의 변화를 위한 카운슬링에서 견고화는 일반적으로 상당히 많은 시간을 필요로 한다.

⑦ 계 획

이는 카운슬링을 끝맺거나 계속할 것을 결정할 때 필요한 여러 가지 계획을 수립하고 검토하는 것을 말한다. 계획 단계에서 이루어져야 될 목표는 피상담자의 성장과 행동변화가 잘 이루어져 상담관계를 종료할 때까지만이 아니라 상담이 끝난 뒤에 이루어져야 할 구체적 활동에 대한 계획을 수립하는 것이다. 이 단계에서는 표현되었던 감정이나 사고의 내용이 모두 명백하게 정리되고 반면에 새로운 감정이나 사고의 표현은 억제되어야 한다.

이 계획의 단계는 추적상담과 같이 정보 내용이 많이 관련되어 있는 경우에는 계획을 실천하기 위한 여러 가지 활동이 필요하기 때문에 상당히 긴 시일을 필요로 하게 된다.

⑧ 종 료

이 단계에서는 카운슬링을 통해서 성취한 것들을 카운슬링의 목표에 비춰어 평가하게 된다. 만약에 카운슬링의 어떤 목적에 도달하지 못하였다면 왜 그렇게 되었는지를 토의

하지 않으면 안 된다. 상담관계의 종료에도 여러 가지 방법이 있다. 카운슬러 자신이 상담의 전체 과정을 요약할 수도 있고, 피상담자로 하여금 요약하도록 요구할 수도 있다. 만약에 수많은 계획들이 실천되기로 했다면 이를 서면으로 써서 정리할 수도 있을 것이다.

3) Tosi의 6단계

① 인 식

카운슬링이나 심리치료의 과정을 통해서 피상담자가 습득하게 될 여러 가지 심리적 특징에 대해서 피상담자 자신이 알게 하는 것은 무척 중요하다. 피상담자가 도움이 필요하다는 사실에 대해서 단순하게 인식하는 것을 넘어서 피상담자 자신이 어떤 문제에 대한 정보나 지식이 부족하고 어떤 구체적 행동의 변화를 원하고 있으며, 생활을 비효율적으로 만드는 요인은 어떤 것인지를 분명하게 밝혀서 해결해야 할 필요가 있다는 것은 인식하는 것이 중요하다.

② 탐 색

탐색의 단계에서 피상담자는 새로 습득한 지식이나 기능

을 적용해 보고 새로운 정보가 자신의 생활에 미치는 영향이 어떤 것인가를 탐색적으로 확인한다. 카운슬러는 피상담자 스스로가 새로운 감정, 사고, 행동을 탐색하고 시도해 보도록 적극적으로 권장하게 된다. 대부분의 경우 피상담자가 새로 습득한 사고방법이나 행동양식을 실제 생활장면에 적용함으로써 자기자신의 생활 속에서 새로운 의미를 찾을 수 있게 되고, 보다 긍정적 행동 특징을 형성해 나갈 수 있게 된다.

③ 몰 입

카운슬링 과정에 계속 참여하여 자기자신의 문제에 대한 인식이 증가되고 탐색적 활동이 증가되어 효과적인 행동양식이나 사고방법을 습득하게 되면 피상담자는 상담자와 더 깊은 상담관계를 맺고 상담과정에 헌신적으로 참여하게 된다. 이러한 헌신적 몰입은 피상담자로 하여금 자신이 탐색하여 오던 여러 가지 문제를 보다 효율적으로 해결할 수 있는 여러 가지 기능을 발전시켜 나가게 하는 가장 중요한 동기가 된다.

④ 기능 발전

기능의 발전은 상담과정의 모든 단계에서 이루어질 수 있다. 이 기능 발전의 단계 이전에 이루어지는 것은 탐색적

기능이거나 자신과 환경에 대한 인식을 증가시키는 것에 관련된 기능에 불과하다. 그러나 기능 발전의 단계에서는 문제해결이나 행동변화를 위해 필요한 인지적·정의적·행동적 기능을 자기자신과 환경에 적용해 봄으로써 생각하고, 느끼고, 행동하는 새로운 방법을 습득하게 된다. 카운슬러와 피상담자는 기능 발전의 단계에서 인식, 정의, 행동과정에 대해 같은 비중의 관심을 가지고 있을 필요가 있다.

⑤ 기능 세련

기능 세련 단계는 기능 발전의 단계에 이어지는 자연적 발전의 단계라고 볼 수 있다. 기능 세련의 단계는 피상담자가 새로이 습득한 사고, 정의, 행동의 양식을 보다 더 효율적으로 적용하고, 보다 합리적이고 현실적인 가치, 정서, 행동을 일상생활에 보여주게 된다는 점에 특징이 있다.

⑥ 변화 또는 방향제 설정

변화 또는 방향제 설정의 단계에서는 피상담자가 자신의 행동에 대해서 스스로 책임을 지게 된다. 피상담자가 상담자의 도움이 없이도 문제해결이나 행동변화를 스스로 해낼 수 있거나 또는 상담의 필요가 되었던 문제가 모두 해결되어 상담자의 조력이 더 이상 필요하지 않는 것이 이 단계의

특징이다.

이상에서 Rogers, Brammer, 그리고 Tosi가 제시한 상담의 단계를 종합해 보면 상담관계를 형성하고 문제를 분명히 밝힌 뒤에 문제를 해결하거나 행동의 변화를 촉진하게 된다고 할 수 있다. 또한 상담의 목표를 정서적 변화뿐만 아니라 인지와 행동의 변화까지 포함하므로 상담의 과정은 인지, 정의, 행동의 변화가 일어나게 하는 과정이라고 할 수 있다(박성수, 1991).

상담의 과정을 준비의 단계, 면접개입의 단계, 추수지도의 단계 등의 세 단계로 나누어 볼 때, 면접 개입의 단계가 가장 중심이 되고 긴 시간을 필요로 하는 과정임을 알 수 있다.

상담자가 내담자와 면접을 시작할 때 일반적으로 다음의 여섯 단계의 과정을 밟게 된다.

첫째, 구조화를 하게 된다. 내담자가 상담을 받으러 오면, 카운슬러는 카운슬링이 이루어지는 장면을 구조화할 필요가 생긴다. 구조화한다는 것은 상담에서 돕는다는 것이 무엇이고, 그 한계와 제한점이 무엇이며, 내담자가 기대해야 할 것이 무엇인가를 분명히 하는 일이다. 즉, 심리적으로

조력하는 일, 카운슬러와 내담자의 역할과 책임, 그리고 가능한 약속 등의 윤곽을 명백히 하는 일이다. 한편 상담시간의 제한과 내담자가 무엇을 기대할 수 있는지에 대하여 토의한다.

둘째, 관계를 형성 발전시키는 일이다. 카운슬러와 내담자는 서로 믿고 좋아하는 관계가 형성되어야만 내담자의 행동변화를 기대할 수 있다. 내담자는 상담 초기에 마치 건너야 할 냇물의 깊이를 조사하듯이 과연 카운슬러가 믿을 만한 사람인지를 시험해 보면서 피상적인 관계만을 유지하려 할 것이다. 카운슬러는 이러한 상황에서도 내담자를 이해하고 편안한 분위기를 조성해서 친화적 관계를 맺도록 노력해야 한다. 여기에는 기술이 필요하다. 지나치게 따뜻하게만 대해도 안 되고, 그렇다고 권위만 보여서도 안 된다.

셋째, 내담자로 하여금 자기이해를 증가시키도록 하는 데 초점을 두어야 한다. 일단 상담관계가 형성되면, 내담자는 여러 가지 관심사를 털어놓기 시작한다. 상담자는 이것을 토대로 하여 자기이해를 증진시키고, 지향해야 할 목표를 찾도록 하는 데 힘써야 한다. 이때 털어놓는 말의 내용보다도

그 밑에 깔려 있는 감정이나 숨은 의도가 중요하다. 이에 주의하여 감정을 명료화시키고 스스로를 수용하도록 한다.

넷째, 목표를 확인하는 일이다. 이제 내담자가 자기의 감정과 의도를 어느 정도 파악하고 이해하였다면, 앞으로 나아갈 방향과 목표를 정하는 단계에 이른다. 이러한 방향과 목표는 현실과의 관계 속에서 형성되어야 하는데 그 목표가 복합적인 것일 때도 있으므로 카운슬러와 협력하여 계속 확인해야 한다.

다섯째, 행동계획을 수립하고 실천하는 일이다. 일단 목표가 결정되었으면 이에 도달할 실천 계획을 수립하는 것이 필요하다. 여러 가지 가능한 실천방안을 검토하고 내담자가 가장 용이하게 실천할 수 있는 방도를 선택해야 한다. 그러므로 '하루 한 번 웃기', '자기가 좋아하는 일 30분 하기' 등과 같이 아주 구체적인 실천 계획을 수립하는 것이 바람직하다. 실천 계획에 관하여는 상담을 진행할 때마다 토의할 수 있다.

여섯째, 종결과 평가를 하는 일이다. 내담자의 목표가 어

느 정도 달성되어 더 이상의 조력이 필요없게 되면 상담을 종결한다. 아울러 내담자가 새로운 수준에서 행동하고 있는지의 여부를 평가한다. 상담자나 내담자 어느 쪽이든지 성공했다는 평가를 하게 되면 종결을 짓는다. 간혹 내담자가 계속적인 도움을 요청하거나 상담관계를 더 유지하는 것이 그에게 유리하다고 판단하는 경우에는 지체없이 상담자는 상담의 계속 여부를 결정해야 한다. 상담의 추수지도는 일단 종결된 후에도 계속되어야 한다(황응연·윤희준, 1983).

4. 상담의 기본 조건과 기술

상담은 상담자와 내담자의 인간관계를 통해서 심리적으로 조력해 주는 과정이라고 할 수 있다. 효과적인 조력을 해 주기 위해서는 여러 가지의 조건이 선행되야 하며 상담기술이 필요하다. 어떠한 조건에서 어떠한 기술을 사용하였느냐에 따라서 상담의 효과가 좌우된다.

1) 상담의 기본 조건

효과적인 조력관계를 형성시키기 위해서 몇 가지의 기본적인 조건이 필요하다. 이에 대해서 Rogers(1957)는 무조건적 긍정적 존중, 공감적 이해, 일치를 들고 있으며 George와 Cristiani (1981)는 정의성(affectiveness), 강력함(intensity), 성장과 변화, 비밀보장, 지지(support), 정직성 등을 들고 있으며 치료적 분위기의 필수조건으로 신뢰와 수용(acceptance)을 들고 있다. 또한 Tyler(1969)는 수용, 공감적 이해, 진지성(sincerity) 등을 제시하고 있다.

상담의 대표적인 기본 조건을 이재창(1988)이 정리한 것을 중심으로 해서 살펴보면 다음과 같다.

① 신 뢰

상담과정에 있어서 치료적 분위기를 수립하는 데 있어서 가장 필수적인 것이 신뢰(trust)이다. 처음 상담을 시작하는 내담자는 상담에 대한 기대가 불확실해서 불안을 경험하게 된다. 만일 처음 상담면접에서 내담자가 상담자를 신뢰할 수 없으면 내담자는 자신의 감정·사고·문제와 갈등 등을 솔직하게 상담자에게 표현할 수 없기 때문에 효과적인 상담을 기대하기 어렵다. 그러나 상담자와 내담자 사이의 신뢰가 형성되면 내담자는 상담자를 믿고 자신을 개방할 수 있기 때문에 성장과 변화에 대한 잠재력도 향상되어 상담이

효과적으로 이루어질 수 있다.

② 수용

수용(acceptance) 또는 수용적 태도는 상담자가 편견이나 판단없이 내담자의 문제를 듣고 내담자의 견해 · 태도 · 가치에 관계없이 하나의 인간으로서 내담자를 인정하는 것이다. 이러한 수용은 다음과 같은 두 가지 측면을 가지고 있다(정원식 · 박성수, 1978). 첫째로, 사람마다 모든 일에 있어 다르다는 사실을 기꺼이 받아들이고, 또 제각기 다르게 성장하고 발달하도록 허용하는 것이다. 둘째, 개인의 현재 경험은 인지 · 정의 · 행동 등의 복잡한 유형이 뒤얽혀 있다는 사실을 도덕적 평가와 사회적 판단없이 받아들여야 된다는 것이다.

상담자의 수용적인 태도야말로 상담 성패의 관건이라고 할 수 있다. 따라서 수용은 상담의 전 과정을 통해서 처음부터 끝까지 내담자가 지각할 수 있도록 해야 한다. 이렇게 함으로써 내담자는 자신의 감정이나 의견이 상담자에게 받아들여질 수 있다는 확신을 가지고 상담에 임하게 된다.

③ 공감적 이해

흔히 감정이입 혹은 공감(empathy)이라고도 하는 공감

적 이해(empathic understanding)는 내담자의 경험·감정·사고·신념을 내담자의 준거체제(frame of feference)에 의해서 상담자가 내담자인 것처럼 듣고 이해하는 능력이다(이장호, 1986), Tyler(1969)는 내담자가 전달하려고 하는 의미를 분명하고 완전하게 파악하는 것을 이해(understanding)라고 하고, Truax와 Carkhuff (1967)는 공감적 이해(empathic understanding)라 하여 인지적 측면과 더불어 감정을 측면을 강조하였다.

이는 개인의 의지·정의·행동의 과정이나 특징, 그리고 그 개인과 관련된 물리적·사회적·과업적 환경의 과정과 특징을 개념화하고 내면화하는 것이다(정원식·박성수, 1978). 그러므로 상담자는 내담자가 언어로 표현하는 것뿐만 아니라 언어 속에 가려진 진정한 의미까지도 파악할 수 있어야 한다. 그래야 내담자의 신뢰를 얻게 되고, 내담자의 현재 상태를 정확하게 파악해서 상담을 효과적으로 진행시킬 수 있다.

④ 긍정적 존중

내담자를 한 인간으로 존중하여 그의 감정·사고·행동을 평가하거나 판단하지 않고 있는 그대로 받아들이는 것을 말한다(이장호, 1986). Rogers(1957)는 이러한 태도를 무조건

적(unconditional)이고 긍정적(positive)인 것이라 하고, 상담자는 내담자를 가치와 권위가 있는 사람으로서 존중할 것을 제안하고 있다.

긍정적 존중(positive regard)은 상담과정에서 기초가 된다. 상담자가 내담자에게 긍정적 존중을 보이면 내담자는 자신에게 자신감을 가지고 상담자에게 반응하게 된다. Carkhuff와 Berenson (1977)은 다른 사람들에 대한 긍정적 존중은 자기존중에 기인한다고 한다. 즉, 자신의 경험·사고·감정을 존중하지 않는 상담자는 다른 사람의 사상과 감정을 존중하는 데 어려움을 갖게 된다. 여러 가지 방법으로 내담자를 위한 배려·온정·관심의 태도를 보이는 것은 효과적인 상담의 기초가 된다.

⑤ 진실성

상담자가 내담자와의 관계에서 상담자가 말하고 행동하는 것이 상담자의 내면세계의 실제와 일치하는 것(정원식·박성수, 1978), 즉 내담자와의 관계에서 상담자가 자신의 경험이나 감정을 솔직하게 표현하는 것(이장호, 1986)으로 진지성이라고도 한다.

진실성(genuineness)은 상담자가 자신의 경험이나 감정을 왜곡해서 표현하지 않고, 또 자신의 전문성에 대해서도 허

세를 부리는 것이 아니다. 이는 상담자의 내담자에 대한 정직하고 성실한 태도라고 할 수 있다.

2) 상담의 기술

상담은 상담자와 내담자의 면접과정에서 주로 대화를 통해 이루어진다. 이때 상담자의 대화기술은 상담의 효과를 좌우하게 된다. 상담자가 내담자와 대화를 할 때 필요한 기본적인 기술을 김충기(1996)가 정리한 것을 중심으로 하여 살펴보면 다음과 같다.

① 상담면접의 시작

상담자가 내담자와 만남으로써 대화는 시작된다. 만남이 없으면 대화도 없고 문제해결도 없다. 그러므로 자발적으로 내담자의 참여로부터 면접이 시작된다. 그런데 처음의 과제는 앞에서도 제시한 바 있지만 상호간의 신뢰감이 이루어져야 한다. 즉, 촉진적 관계(rapport)가 이루어져야 하는 것이다. 수용적이고 온화한 태도로 명랑하고 친절하게 깊은 관심을 가지고 영접해야 한다. 밝고 아담하며 온화한 환경에 조용하고 비밀을 보장할 수 있는 아늑한 곳이며 편안하고

안심할 수 있는 장소로 적합한 위치에 배치되어야 한다.

② 반영

반영이란 내담자에 의해서 표현된 요소가 되는 주요 내용과 태도를 새로운 용어로 부연해 주는 것이다. 내담자의 말을 그대로 되풀이하는 것이 아니라 그 내용의 밑바탕에 흐르고 있는 감정을 파악하는 것이 중요하다. 내담자의 감정은 표면감정과 내면감정이 있는데 상담자는 내면적 감정은 정확히 파악하여 내담자에게 전달해 주어야 한다. 내담자의 감정을 반영해 주려면 상담자의 감수성이 동원되어야 한다. 따라서 상담자는 감수성 훈련(sensitivity training)을 통하여 적절한 반영을 할 수 있도록 준비되어 있어야 한다. 반영은 정보 제공이나 해석이 시작되기 전 초기 단계에서 이루어진다.

③ 수용

수용이란 내담자의 이야기에 주의를 집중하고 있고 듣고 있다는 것을 보여주는 기법이다. 내담자가 자신의 문제를 진술할 때 많이 나타나고 "음-", "네" 등의 긍정적 언어표현과 함께 표정, 몸짓 등의 비언어적 표현도 포함된다. "이해가 갑니다", "그렇겠군요"와 같이 긍정적이고 적극적인 언어

적 표현으로 안면표정과 고개를 끄떡이는 행동, 시선을 주는 주목행동 등으로 대화가 단절되지 않도록 관심과 인내로 받아 주는 행동이 이루어져야 한다.

④ 구조화

구조화란 상담과정의 본질, 제한 조건 및 목적에 대하여 상담자가 정의를 내려주는 것이다. 즉, 체계와 방향을 알려 주는 것이다. 예를 들면, 시간, 약속, 행동, 역할 등의 행동규범에 관해서 구체적으로 효과적인 상담을 수행하는 방법이다.

⑤ 바꾸어 말하기

바꾸어 말하기는 내담자가 한 말을 간략하게 반복함으로써 내담자의 생각을 구체화시키고 제대로 이해하고 있는지를 확인해 볼 수 있다. 상담자가 내담자의 말을 바꾸어 말하여 줄 때는 전달하고자 하는 요점을 제대로 전달해 주어야 한다. 이것을 명료화라고도 한다.

⑥ 경 청

경청이란 남의 말을 주의 깊게 기울여 열심히 듣는 것이다. 말을 하지 않으면서 면담에 적극적으로 참여하는 것이다. 침묵이 효과적으로 상담과정에 참여하게 하고, 또 자신의 이야기에 대하여 생각할 여유를 주고 통찰의 기회를 제공한다.

　내담자의 말과 행동에 경청하는 것은 상담을 성공적으로 이끄는 주요 요인이 된다. 따라서 내담자가 자기의 생각이나 감정을 자유롭게 표현할 수 있도록 붙돋아 주고 상담에 대한 책임감을 느끼게 한다. 효과적인 경청은 내담자에게 눈길을 보내고 이완된 자세와 말을 가로막지 말고 관심을 가지고 끝까지 듣는 자세이다.

⑦ 요약

　요약은 생각과 감정을 하나로 묶어 정리하는 것이다. 내담자의 말을 요약하기 위해서는 말의 내용, 말할 때의 감정, 그가 한 말의 목적, 시기, 효과에 대해서 주의를 기울여야 한다.

　요약의 과정은 첫째, 내담자의 말 중에서 중요한 감정과 내용에 주의를 기울인다. 둘째, 파악된 주요 내용과 감정을 통합해서 전달한다. 셋째, 상담자 자신의 새로운 견해를 보태지 않도록 한다. 넷째, 상담자가 요약하는 것이 좋을지 내담자가 요약하는 것이 좋을지를 결정한다.

⑧ 명료화

　명료화란 내담자의 진술의 내용을 반영해 주는 특별한 방법으로서 내담자가 이야기한 것의 실제를 요약해 주는 것이다. 이는 내담자의 감정을 밀어붙이지 않고 그의 방황이

나 흩어진 반응 등을 단순화해 줌으로써 통찰의 발달은 촉진시켜 주는 것이다. 예를 들면, "잘 이해를 못하겠습니다. 당신이 말하고자 하는 바를 더 분명하게 말하여 주십시오" 등으로 모호한 말을 분명하도록 요구하는 것이다.

명료화의 지침으로는 첫째, 내담자의 말이 모호하거나 잘 이해되지 않았음을 확인하고, 둘째, 내담자 스스로 자기의 말을 재음미하거나 구체적인 예를 들어 명확히 해줄 것은 요청한다. 셋째, 내담자의 진술에 대한 상담자 자신의 반응을 나타냄으로써 내담자의 반응을 명료화한다. 넷째, 상담자의 반응은 개인적인 반응이 되지 않도록 하며 직면(confrontation)과 같이 직접적이고 강렬하지 않도록 해야 한다.

⑨ 해 석

해석은 내담자로 하여금 자기의 문제를 새로운 각도에서 이해하도록 그의 생활환경과 행동의 의미를 설명하는 것이다. 해석을 할 때는 상담자가 내담자에게 새롭고 보다 기능적인 참조체계를 제공한다.

해석은 상담자가 내담자의 성격 및 문제의 배경을 파헤쳐 새로운 통찰을 갖도록 내담자의 참조체계로 다양하게 의미와 표현으로 해석할 수 있어야 한다.

이상에서 상담면접의 기술을 예시하였는데, 중요한 것은

적절한 장면의 설정이 면접의 효과를 더 한층 효과를 높일 수가 있다. 그것은 ① 비밀의 보장, ② 안정감, ③ 정중하고 효과적인 확인, ④ 효과적인 작업조건을 마련하는 것이다. 이러한 상담면접의 과정은 카운슬러가 내면자를 이끄는 중요한 역할을 가지고 명기해야 할 사항들이다.

5. 상담의 형태

상담의 형태는 상담시간, 상담문제의 성격, 상담자의 활동 또는 내담자의 특성이나 상담자의 이론적 접근방법에 의해서 여러 가지 유형으로 구분할 수 있다. 일반적인 상담의 형태는 위기 상담, 촉진 상담, 예방 상담, 발달 상담이 있다.

① 위기 상담

위기 상담(crisis counseling)은 상담자가 파멸 상태에 이른 내담자를 접할 때 행하게 된다. 위기 상태에 이른 내담자는 자기의 일상사에 제대로 대처할 수 없으므로 의심·불안·죄책감 등의 파괴적인 감정에 의해서 파멸되고 또 자기자신을 해치는 행동을 하게 된다. 이러한 위기는 즉각적인 주의

집중을 필요로 한다. 그렇지 않으면 더 심각한 성격이나 행동장애를 가져오게 된다. 일반적인 위기는 가족의 사망, 절박한 이혼, 배신, 약물남용, 자녀의 가출, 실직 등에서 연유한다.

이러한 상태는 강한 정서를 수반하게 되므로 상담자에게는 가장 큰 도전이 된다. 반면에 상담자가 도전을 잘 직면하게 되면 상담자는 효과적인 관계를 형성할 수 있고 내담자는 놀라울 정도로 성장할 수 있다. 위기에 직면한 내담자야말로 변화가 가장 필요하다.

② 촉진 상담

촉진 상담(facilitative counseling)은 명시된 문제에 관해서 내담자가 필요한 행동을 취하도록 시도하는 것이다. 이러한 문제는 위기는 아니지만 개인에게는 문제가 되는 것이다. 예를 들면, 중학교 3학년 학생이 진로문제를 걱정하는 것이다.

③ 예방 상담

예방 상담(preventive counseling)은 계획적이고 특정한 문제에 관심을 집중한다. 예를 들면, 약물교육이나 성교육에 관한 프로그램은 장차 이러한 문제가 발생할 것을 예방하기 위한 시도인 것이다. 예방 상담에서는 상담자는 학생집단에

게 정보를 제공하거나 적합한 프로그램에 개인을 의뢰할 수도 있다. 또한 상담자는 내담자와 개발적으로 집단이나 면대면으로 상담을 계속할 수 있다. 특히 생활지도는 치료보다는 예방에 목표를 두고 있기 때문에 이 예방상담에 특히 주력해야 할 필요가 있다.

④ 발달 상담

발달 상담(developmental counseling)은 개인의 전 생애를 통해서 행해지는 상담이다. 상담자는 각 연령층에 속하는 내담자로 하여금 이완되고 압력을 느끼지 않고 위기를 느끼지 않는 상황에서 개인적 성장이 일어나도록 조력하게 된다. 생활지도는 모든 연령층의 개인과 발달단계상의 문제를 다루고 성장을 기하는 것이기 때문에 발달상담은 예방상담과 아울러 생활지도의 핵심이 되는 상담 형태라고 할 수 있다.

이상과 같은 형태의 상담 유형을 상담시간, 상담문제, 상담자 활동을 중심으로 하여 특징을 제시하면 〈표 6-1〉과 같다(이재창, 1988).

〈표 7-1〉 상담 유형의 일반적 형태

형태	시간	상담 문제	상담자 활동
위기	즉시	■ 자살기도 ■ 약물불안 ■ 실연	■ 개인적 지지 ■ 직접적 개입 ■ 더 필요한 지지의 집중 ■ 개인상담이나 적합한 의료원이나 기관에 의뢰
촉진	단기간에서 장기간에 이르기까지 다양	■ 직업정치 ■ 학업문제 ■ 결혼에의 적응	■ 개인상담 ■ 내용과 감정의 반영 ■ 정보 제공 ■ 해석 ■ 직면 ■ 행동 지시 등을 포함
예방	문제별로 일정한 기간	■ 성교육 ■ 자아와 진로의식 ■ 약물인식	■ 정보 제공 ■ 적합한 프로그램의 의뢰 ■ 프로그램 내용과 과정에 관한 개인 상담
발달	일생 동안 계속	■ 초등학교에서 긍정적인 자아개념 발달 ■ 중년에서의 진로 변경 ■ 죽음의 수용	■ 가치관의 명료화 ■ 의사결정 검토 ■ 중요 인물과 환경적 정치에 관련된 개인적 발달에 관한 개인 상담

〈부록 1〉 성격분석표

성격 특성	긍정적 측면(+)	부정적 측면(-)
의욕적	적극적, 열성적	나서기 좋아하는, 설치는
말이 많은	구변 좋은, 활동적인	수다스럽고 잔소리가 많은
독립적	소신 있는, 자립심이 강한	독불장군식인, 자기 중심적인
재치있는	센스 있는, 영리한	약삭빠른, 간사한
이성적	합리적인, 논리적인	따지는, 냉정한
신사적	예의범절이 바른, 깍듯한	거만한, 오만한
목표 지향적	목표가 분명한, 미래 지향적인	피도 눈물도 없는, 과욕적인
지지적	협조적인, 순종적	줏대가 없는, 아부하는
지배적	소신 있는, 주관이 분명한	고집불통인, 독재적인
종교적	신앙심이 깊은, 믿음이 있는	비현실적인, 맹신적인
영향을 받기 어려운	소신 있는, 자신 있는	남의 말을 잘 듣지 않는
깨끗하고 산뜻한	깔끔한	기생오라비 같은, 겉만 번지르르한
활동적	의욕적인, 적극적인	분주한, 설치는
복종적	규범을 잘 지키는, 협조적인	수동적인, 의타적인
논리적	이성적인, 객관적인	따지는, 챙기는
감수성이 높은	감정이 풍부한, 민감한	과민한
경쟁적	의욕적인, 적극적인	투쟁적인
불안정한	감정에 민감한, 적응성이 높은	마음이 잘 바뀌는, 소심하고 불안한, 변덕이 심한
세속적	소탈한, 서민적인	저속한, 속물적인
감정적	다정다감한	다혈질적인, 신경질적인
야망 있는	꿈이 많은, 야망과 패기 있는	허황된 욕심꾼인, 수단방법을 안가리는

성격 특성	긍정적 측면(+)	부정적 측면(-)
주관적	소신 있는, 뚜렷하고 분명한	독선적인, 남의 얘기를 안 듣는
업무에 숙달된	일을 잘하는, 능력 있는	요령꾼
의존적	적응력이 높은, 남의 얘기를 잘 듣는, 협조적인	마음이 약한, 복종적인
의사결정이 빠른	신속하고 정확한	가벼운, 경솔한
외모에 신경을 쓰는	깨끗하고 깔끔한	허세 부리는
자신감 있는	소신 있는, 자신만만한	자기 본위인, 오만한
수동적	규범에 잘 따르는	복종적인, 의존적인
집단을 리드하는 데 익숙한	리더십이 훌륭한, 능력 있는	독재적인, 강압적인
훈훈한 기운을 풍기는	사람이 따뜻한, 정이 많은	흐리멍덩한

〈부록 2〉 적극적인 경청법의 사례

상대의 불만	적극적인 경청
이 일을 오늘 내로 다 해야 됩니까.	오늘 내로는 무리라는 말이지.
오늘 또 야근입니까.	야근하는 것이 못마땅하다는 말이군.
도장을 못 찍겠습니다.	부당하다는 말이지.
제가 왜 그 일을 해야 합니까.	그 일은 자네 일이 아니라는 얘기군.
짜증나서 못 해 먹겠네.	불만스럽다는 말이지.
말로만 하면 다 잘 됩니까.	못마땅하고 불쾌하다는 말이군.
저만 하는 일 따로 있습니까.	차별하는 것 아니냐는 말이군.
제가 무엇을 알겠습니까.	무시당한 기분이라는 말이군.
또 아침에 일찍 나와야 합니까.	일찍 나오라는 것이 불만이라는 말이군.
꼭 그런 식으로 해야 합니까.	그런 식으로 하는 것이 못마땅하다는 것이지.

상대의 불만	적극적인 경청
이 짓 하려고 온 것 아닙니다.	자존심이 상한다는 말이지.
결재만 하시면 답니까.	계급가지고 누른다는 말이지.
일찍 퇴근하셔서 좋겠습니다.	혼자 먼저 나간다는 것이 못마땅하다는 말이군.
무슨 이야기인지 모르겠습니다.	요령부득의 얘기를 한다는 말이군.
너무 일방적으로 생각하십니다.	일방적으로 하는 것 아니냐는 말이군.
너무 바빠서 못 하겠습니다.	너무 독촉받는 것 같아서 못마땅하다는 말이군.
나보고 어쩌란 말입니까.	답답하고 불만스럽다는 말이군.
사람 대접 좀 해 주십시오.	자존심 상하게 하지 말라는 말이지.
끼리끼리 놉니까.	편파적으로 논다는 말이군.
나라고 사람 아닙니까.	소외시키는 것 아니냐는 말이군.
결재 좀 제때 해주십시오.	결재가 늦다는 말이군.
왜 책을 못 보게 하십니까.	부당한 간섭을 하고 있다는 얘기지.
말과 행동이 일치가 안 됩니다.	표리부동하다는 말이지.
왜 나만 미워합니까.	편견으로 차별해서 부당하게 대한다는 말이군.
왜 휴가를 못 씁니까.	부당한 구속을 한다는 말이군.
저는 사람이 아닙니까.	억울한 모양이구나.
우리가 어디 천재입니까.	무리한 요구라는 말이군.
왜 나만 해야 합니까.	차별대우를 받는 것 같아서 못마땅하다는 말이군.
왜 이 일을 꼭 해야 합니까.	그 일을 안 해도 되는 것 아니냐는 말이군.
월급 더 주는 것이 아니지 않습니까.	과외 일이란 말이지.
업무가 과다합니다.	무리하단 이야기이군.

〈부록 3〉 피드백의 요령

비효과적인 피드백	효과적인 피드백
1. 간접적인 표현 (당신은 많은 사람에게 호감을 받을 것 같다)	1. 직접적인 표현 (나는 당신이 좋다)
2. 의도를 짐작하는 (당신이 화가 났기 때문에)	2. 행동을 묘사하는 (당신은 얼굴이 붉어졌다)
3. 평가하는 (그건 당신이 잘못했다)	3. 평가하지 않는 (나는 당신이 그러는 게 싫다)
4. 일반화하는 (누구나 다 그렇겠지만 사람이면…모두가…)	4. 특별한 것을 꼬집는 (나는 …)
5. 변화를 요구하는 (그렇게 하면 안 돼)	5. 태도 변화는 자기가 결정하는 (나는 싫다, 나는 불쾌하다)
6. 지연된 (지난번에 당신이 … 했을 때)	6. 즉시에 하는 (지금 당신이 … 했을 때)
7. 외부에서 하는 (내 옛날 친구들은 나를 …로 이야기했다)	7. 그 집단 속에서 하는 (이 모임에서 나는 … 이라는 얘길 들었다)

〈부록 4〉 피드백의 활용

평소의 나무람	피 드 백
아직 그 정도밖에 안 되나.	내 기대에 못 미쳐 심히 실망된다.
이제 일을 알 만할 때가 되었을텐데 아직도 그 모양이야.	내 기대대로 일의 결과가 안 나와서 짜증이 난다.
그걸 일이라고 하느냐?	당신이 일하는 태도가 나는 못마땅하다.
일 좀 똑바로 해라.	일하는 자세가 마음에 안 든다.
좀 부끄러운 줄 알아라.	나는 자네의 태도가 못마땅하다.
참 한심하다 한심해.	내 기대대로 안 되어 참 실망된다.
그렇게 일하려면 집에 가서 애나 보는 게 안 낫겠나.	일하는 태도가 나는 몹시 언짢다.

평소의 나무람	피드백
그렇게도 머리가 안 돌아가나.	여러 번 이야기했는데도 잘 이행되지 않아서 몹시 답답하다.
내가 일일이 챙겨야 하나.	내가 일일이 확인하게 되는 것이 불만스럽다.
너는 왜 일하는 것이 그 모양이니.	너의 일하는 태도가 나는 못마땅하다.
그 정도밖에 못하나.	내 기대에 못 미쳐 안타깝다.
어째 자네는 노상 그 모양이야.	하는 일이 매사에 시원하지 못해 불만스럽다.
자네는 도대체 무엇하는 친구야.	나는 너의 행동이 심히 못마땅하다.
그걸 말이라고 하나.	그런 말을 하는 것이 나는 참 못마땅하다.
하라는 대로 하지 말이 많다.	내 지시대로 안 돼서 나는 언짢다.
그렇게 밖에 못해.	나는 자네의 업무 결과에 대해 실망했다.
왜 보고도 없이 자네 마음대로 결정했어.	나는 보고 없이 자네 마음대로 결정한 사실에 대해 불쾌하다.
생긴 대로 놀고 있네.	나는 너의 태도를 보고 정말 답답하게 느낀다.
겨우 그것밖에 못하나.	내 기대에는 안 차는데.
하기 싫으면 그만두어라.	일하는 것이 나는 마음에 안 든다.
빨리 일 좀 끝낼 수 없나.	일 처리가 늦으니 속상하다.
책임자를 뭘로 아나.	그 행동은 나를 무시하는 것 같아서 화가 난다.
왜 말이 많나.	여러 가지 이유를 대니 나는 불쾌하다.
그렇게 이해가 안 되나.	말귀를 못 알아들으니 답답하다.
왜 변명이 많아.	지금 말하는 태도가 나는 불쾌하다.
왜 통화가 길어.	통화가 길어 나는 짜증스럽다.
일이 왜 이 따위야.	일이 잘못되어 나는 불만스럽다.
머리가 그렇게도 안 돌아가나.	그 정도도 모르니 나는 답답하다.
일일이 이런 것까지 시켜줘야 하나.	알아서 하지 못하니 나는 답답하다.

2장
청소년상담의 특징

2장 청소년 상담의 특징

    청소년은 학업 및 진로, 대인관계, 자아정체감 및 가치관, 심리적 부적응 행동 등 다양한 방면에서의 문제를 가지고 있다. 최근 학교폭력이 사회문제의 화두로 제시되는 가운데 청소년들의 심리적 특성을 고려한 양질의 상담의 필요성이 그 어느 때보다 요구된다. 본 연구에서는 청소년들의 특성을 이해하고 특히 청소년 내담자들의 특성을 고려한 전문적 상담가로서 갖추어야 될 자질들을 논의해보고자 한다.

1. 청소년 상담의 특성.

1) 청소년기의 특성

청소년상담의 특징을 하는데 청소년들의 특성을 이해하는 것은 기본이 되는 일이다. 특히 청소년들의 발달 특성과 과업을 충분히 인식하고 상담에 임하는 것이야 말로 상담을 유연하게 이끄는데 필수적인 요소이다. 이들의 특성을 신체, 심리, 행동적 특성으로 나누어 이해해 보자.

(1) 신체적 발달

사춘기(puberty)는 청소년기를 알리는 지표이며 생물학적 생식능력을 갖추는 성인기의 시작을 의미한다. 이는 청소년기(adolescence)와 혼동되는 의미로 사용되기도 한다. 그러나 사춘기는 청소년기의 일부분에 포함되며 청소년기는 사춘기가 시작되는 연령(11~12세)에서부터 성인의 법적 연령(20세)까지로 성인으로서의 책임과 의무가 부과되지 않은 시기로 구분할 수 있다.

사춘기의 가장 큰 특징은 성장의 급등이다.

첫째, 신체적 성숙은 남녀에 따라 차이를 보인다. 신장 면에서는 여아가 남아보다 2년 정도 앞서 급속한 성장을 보이고 체중 면에서도 사춘기 초기에 일시적으로 여아가 남아에 비해 우세하다.

둘째, 성적인 성숙은 내 외부 생식기의 발달과 같은 제 2차 성징의 변화를 대표적으로 설명할 수 있다. 신체적 성숙은 성적인 성숙과 긴밀한 유관을 맺고 있다. 현대 사회에는 의료혜택, 경제조건, 식생활 변화, 이질 집단 간의 결혼 등 다양한 요인들이 성장을 가속화 시키는데 영향을 미치고 있다.

(2) 심리적 특성

청소년의 신체적 매력과 신체 이미지에 대한 관심과 기준은 사회 문화적 기준이나 편견에 영향을 받으며 그 내용은 다음과 같다.

① 청소년들의 신체적 매력에 대한 가족, 또래친구, 대중매체의

기준과 기대의 반영

　주변에서 신체에 대해 심어주는 잘못된 가치관은 청소년들의 외모에 대한 불안감과 부정적 평가를 증가시킨다. 특히 대중매체와 같은 사회의 외모 지상주의는 청소년의 왜곡된 신체상을 형성하고 청소년들의 외모에 대한 불만을 가중시키는 요인을 제공한다. 이러한 불만은 대인관계와 사회생활에 영향을 미치게 될 뿐 아니라 거식증(anorexia nervosa)과 폭식증(bulimia)과 같은 장애를 유발할 수도 있다.

② 조숙과 만숙에 대한 청소년들의 지각과 사회 문화적 반응

　조숙과 만숙에 대한 사회적 반응은 남녀에 따라 다르며 그 영향도 역시 다르다. 대체로 남자의 조숙은 주위에서의 긍정적 평가를 받지만 여자의 조숙은 부정적인 평가를 받게 되고 여성은 이로 인해 복종적이며 내성적인 특성을 보일 가능성이 크다. 남자의 만숙의 경우는 부정적 신체상 형성, 자신감 결여, 낮은 성취와 같은 경향을 보이며, 여자의 만숙의 경우는 정서적 안정, 활동적 사회 적응, 주도적 성향 등의 긍정적 경향을 보인다.

(3) 행동적 특성

호르몬 과다분비, 전두엽의 급속한 발달, 뇌 활성화의 차이, 도파민의 과다분비 등이 청소년의 공격성과 충동성을 증가시키는데 큰 영향을 미치고 있다. 성 호르몬의 분비는 청소년의 강한 자기주장, 과격한 감정표현에 영향을 주며, 뇌의 발달은 합리적이고 논리적인 사고로 발전하는 과정에서의 지나친 자기중심적 사고와 이상주의 및 흑백논리 등에 빠지게 만드는 요인으로 작용하여 사고와 행동 면에서의 미숙한 특성을 유발하게 된다.

2) 청소년 내담자의 특징

(1) 청소년 내담자의 주요 특징

첫째, 청소년 내담자는 상담동기가 부족하다. 청소년 자신의 요청이 아니라 부모나 교사에 의해 상담이 시작되는 경우가 많다. 따라서 타의에 의해 시작된 상담은 정체성 확립과 독립성에 대한 요구가 높은 청소년을 대상으로 하는 청소

년상담의 특징은 여러 문제에 직면하게 된다. 상담에 대한 부정적 태도와 익숙하지 않은 상담문화에서 자신을 솔직하게 드러내는 것에 대한 불안감, 거부감, 두려움을 가지게 되며 위축되고 비협조적인 태도를 보이거나 저항적인 대답을 하는 등 상담을 어렵게 한다.

둘째, 청소년 내담자는 상담자를 부정적으로 지각하는 경향이 있다. 청소년은 상담자들이 자신을 평가하고 상벌을 제시하며 참견하고 간섭하며 요구하고 복종하기를 바란다고 생각한다. 그들에게 상담자는 부정적 기성세대의 일부이다. 그러므로 상담자에 대한 왜곡된 기대와 이해를 확인하고 상담자의 역할을 올바르게 이해시켜야 한다. 또한 상담을 의뢰한 부모나 교사에게도 상담자의 역할을 올바르게 인식시킬 필요가 있다. 그러므로 상담과정 초기에서의 청소년 내담자와 함께하는 상담의 구조화 과정이 중요한 요소가 된다.

셋째, 청소년 내담자는 상담에서의 지구력이 부족할 수 있다. 여러 회기의 상담이 요구되는 상담에 적극적으로 참여하는데 상당한 지구력이 요구된다. 그러나 청소년 내담자의 주의집중 시간은 20여분에 지나지 않아서 내담자가 자기 탐

색을 하는데 많은 어려움이 따른다.

넷째, 청소년 내담자는 인지적 능력이 부족한 상태이다. 청소년들은 피아제의 구체적 조작기에서 벗어나 형식적 조작기로 나아가는 단계에 있다. 구체적 조작기에서는 경험에 기초한 논리적 사고는 가능하지만 경험에서 벗어난 논리적인 추론에서 어려움을 겪는다. 따라서 청소년들이 자기 내면을 관찰하고 미래를 예측하는 일은 쉬운 일이 아니므로 청소년 대상의 상담에서는 통찰을 통한 변화보다는 대안적인 사고와 감정 해동의 확립 및 지속적인 유지에 초점을 맞추어야 할 것이다.

다섯째, 청소년 내담자는 동시다발적 관심을 보이며 지속성이 부족하다. 청소년들은 감각적이고 빠른 변화를 선호하고 다양한 분야에서의 관심을 보인다. 때로 이러한 특성은 감각적 흥미와 재미를 추구하는 청소년의 부정적 특성으로 이해되어지는 경우가 많으며 부모나 교사로부터 관심사와 요구가 제대로 이해 받지 못하여 중도에 탈락하는 청소년 내담자들이 발생하게 된다.

여섯째, 청소년 내담자는 환경으로부터 지배적인 영향을 받는다. 독립된 하나의 인격체로서 자아존중감이 강한 시기의 청소년 내담자들은 아직 성인기적 사회적 책임과 의무를 수행할 능력이 부족하기 때문에 가정과 학교의 보호와 도움이 필요하다. 그러나 학교와 가정을 벗어난 청소년들은 이러한 기본적인 보호를 받지 못할 뿐 아니라 사회적, 정서적 지지 또한 받지 못하기 때문에 발달적 장애가 심리적 문제를 겪게 된다.

일곱째, 청소년 내담자는 급격한 성장과 발달의 시기에 있다. 급격한 신체의 발달과 성적 성숙에 상응하지 못하는 정체성의 혼란, 미숙한 논리적 추리력, 정서의 불안 등은 청소년들에게 많은 문제들을 야기한다. 따라서 청소년 문제는 개인적 특성보다는 발달적 특성에서 더 많이 기인하는 것으로 볼 수 있다.

여덟째, 청소년 내담자는 복합적이고 종합적인 문제를 가지고 있다. 청소년 내담자가 호소하는 당면 문제와 요인에만 국한해서 상담을 해서는 안 된다. 청소년 내담자의 가정환경, 학교생활, 친구관계, 미래에 대한 생각 등 총체적인 측면에서 접근해야 하며 적극적이고 활동적인 문제해결 방법을 찾고 경험의 재통합과 인지구조의 재구조화 등을 조화시킨 융통성 있는 상담이 이루어져야 한다.

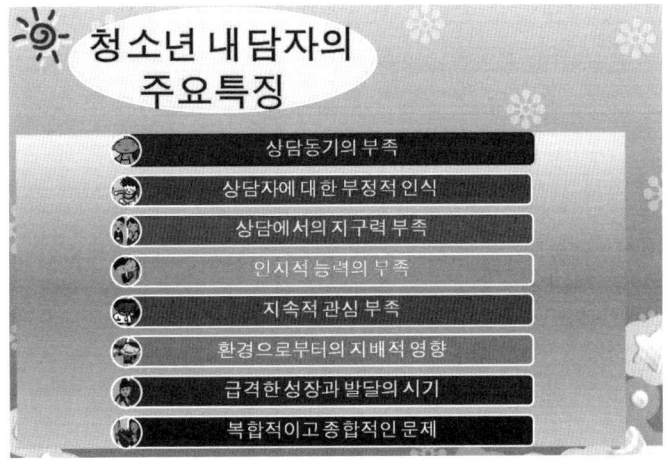

〈표.1 청소년 내담자의 주요특징〉

3. 청소년 상담의 특성

1) 청소년 상담의 특성 정의

① **박재황(1993)** : 청소년 및 청소년 관련인과 청소년 관련 기관을 대상으로 하여 직접 봉사, 자문활동, 그리고 매체를 통하여 청소년의 바람직한 발달 및 성장을 추구하는 활동

② **구본용(2002)** : 청소년이 원하는 것을 청소년들에게 알맞은 방법으로 제공하여 그들이 행복하게 살아갈 수 있도록 돕는 활동

	내 용
대 상	- 청소년, 청소년 관련인(부모, 교사, 청소년 지도자 등) - 관련 기관의 사람들 　(가정, 학교, 청소년 고용업체, 청소년 수용기관, 청소년 봉사 및 활동기관 등)
목 표	- 청소년의 건전한 발달, 성장을 돕는 예방 및 교육적 측면에서의 상담 - 위기에 처한 청소년들에 대한 직접 개입 및 지원, 자립을 위한 상담
방 법	- 일대일 개인면접, 소규모 혹은 대규모 형태의 집단 교육 및 훈련, 매체상담 등 - 면접 중심의 상담뿐 아니라 활동, 게임, 작업 등을 통해서도 이루어짐

(박재황 외, 1993; 이형득 외, 1999)

2) 일반상담과 청소년 상담의 목표
(이혜성, 1996)

일반상담의 목표	행동 변화의 촉진, 적응기술의 증진, 의사결정 기술의 함양, 인간관계의 개선, 내담자의 잠재력 개발
청소년상담의 목표	일반상담의 목표 + 발달 특성과 관련된 자아정체감 확립, 긍정적 자아개념 형성, 건전한 가치관 정립

3) 청소년 상담의 구체적 목표

목 표	내 용
성장과 발달 촉진	청소년들이 발달과정에서 겪는 생리적, 인지적, 심리적, 사회적 변화에 적응하고 발달과업을 슬기롭게 극복하도록 도움
직면 문제 해결	학습, 진로, 또래관계, 이성, 사회관계 등에서 겪는 개인적 내적 요구와 사회적 요구에 적절하게 대응하도록 도움
유능성 발달 촉진	내재된 가능성을 찾고 잠재력을 발휘하도록 도움
환 경 의 개 선	성장과 발달을 위협하는 부적절한 환경을 개선해 성장을 촉진시킴
삶의 지혜 성장	존재의 가치, 성숙의 의지, 자아관의 확립, 창조의 지혜 등을 키움
안정적 생활 보장	경제적, 사회적, 심리적 위기에 처한 청소년에 대한 개입과 지원

4. 청소년 상담자의 자질

1) 인성적 자질

(1) 청소년상담에 대한 사명의식

청소년 상담자는 상담 직에 대한 사명의식을 가지고 있어야 한다. 청소년을 사랑하는 마음을 가지고 실질적 도움을 주는 전문직이라는 사명을 가져야 한다.

(2) 청소년에 대한 긍정적 가치관

상담자가 청소년들 대하는 가치관은 상담에 직간접적으로 많은 영향을 미친다. 상담자는 상담 대상에 대한 부정적 관점을 가져서는 안 된다. 청소년의 긍정적인 자기 개념 확립과 자존심을 고양시켜 주는 상담자가 되어야 한다. 그리하여 상담을 통해 청소년은 자기실현과 자기개발의 가능성을 지닌 희망적인 존재로 변화할 수 있다. 또한 상담자는 청소년을 길들이는 기성세대의 틀에서 벗어나 청소년들이 독자적이며 새로운 세대를 창출하고 조성할 것이라는 기대와 신념을 가지고 상담에 임해야 할 것이다.

(3) 바람직한 인간관과 인간적 자질

상담기술 보다 상담자의 다음과 같은 인간관과 자질의 중요하다는 사실을 명심해야 한다.

● **상담자의 바람직한 인간관 (이형득, 1982)**

① 인간은 천부적으로 존엄하고 신성한 존재이다.
② 인간은 선한 도덕적인 존재이다.
③ 인간은 건강하게 자신을 통제할 수 있는 가능성을 가진 존재이다.

④ 인간은 자신의 삶을 결정하고 선택할 수 있는 존재이다.
⑤ 인간은 환경과 역동적으로 상호작용하는 유기체이다.
⑥ 인간은 유전적 요소와 환경적 요소의 복합적 산물로서 사회와 문화의 기본적인 단위이다.
⑦ 인간은 신체적, 지적, 정서적, 사회적, 영적인 차원을 통합한 총합적 유기체이다.

● **상담자의 바람직한 인간적 자질 (Guy, 1987)**

① 인간에 대한 호기심과 탐구심이 있어야 한다.
② 경청과 대화능력이 있어j야 한다.
③ 공감과 이해능력이 있어야 한다.
④ 통찰 능력이 있어야 한다.
⑤ 친밀감을 형성하고 유지할 수 있어야 한다.
⑥ 내담자의 욕구에 진정으로 관심을 가지고 있어야 한다.
⑦ 융통성 있고 변화에 대한 개방성을 가지고 있어야 한다.
⑧ 유머감각이 있어야 한다.

이외에도 안정감, 균형과 조화, 일관성, 진실성, 성실성 등의 자질이 요구된다.

2) 전문적 자질

(1) 청소년 관련 기본 지식

① 청소년과 관련된 일반적 지식이 있어야 한다.
② 상담이론과 기법에 대한 지식이 있어야 한다.
③ 실무에 대한 지식이 있어야 한다.
 - 상담자가 일하는 기관에서 사례를 진행하는 절차에 대한 지식
 - 관련법과 윤리에 관한 지식
 - 상담자가 근무하는 상담실이 소속한 상위조직과 그 외 관련된 다른 조직에 대한 지식
 - 행정관리, 절차상 관리 등을 비롯한 다양한 사례관리에 대한 지식

(2) 청소년상담 관련 기술
 - 내담자의 문제를 진단, 평가, 분류하는 것
 - 전문적인 개입능력(개인적 개입, 집단을 통한 개입, 교육을 통한 개입 등)
 - 일반적인 대인기술(청소년상담의 특징에 필요한 다양한

사회 자원들과의 협조와 소통)

(3) 상담 이외의 능력과 자질

행정적인 업무처리 능력과 사업추진능력을 바탕으로 실행능력이 있어야 한다.

이와 함께 원만한 인간관계를 바탕으로 문제의 해결을 위한 능력을 갖고 있어야 한다. 또한 전문가로서의 자기개발 노력을 게을리 해서는 안된다.

종합하면, 청소년 발달과정에서 겪는 청소년의 발달 과정에서 겪는 복합적인 문제들을 다양한 시각에서 분석할 수 있으려면 상담자는 개방된 시각을 가지고 합리적이면서도 융통성 있게 상담을 진행해야 할 것이다. 하지만 경험이 부족한 상담의 경우 이론적인 지식에 집착하여 변화사태에 긴밀하게 대처하지 못하는 경우가 왕왕 발생하게 된다.

특히 전문적인 상담자로서 최근의 청소년들의 관심사와 문제들에 적극적으로 관심을 가지고 청소년들의 세계를 잘 이해하고 있어야 할 것이다.

특히, 기술적인 상담에서 완벽한 상담자로 그치는 것이

아니라 청소년 내담자의 성장의 씨앗을 함께 발견하고 조력하는 기쁨을 누리는 상담자들이 많이 생겨나기를 희망한다.

3장
청소년의 문제

1. 학업문제

청소년기에 수행해야 할 중요한 과제 중의 하나는 공부를 하는 것이다. 학교에서 진행되는 수업계획에 의해서 학습을 해야 하는 것이다.

그러나 청소년기 때의 학생들은 공부를 하는 것 자체에 대해서 회의를 갖는 경우가 많다. 또한 공부를 해야 한다는 당위성을 인정하지만 학습방법이나 외적인 환경 요인에 의해서 많은 고민을 하게 된다. 학생들에게 공부가 심하게 강조되고 있는 우리나라의 상황에서는 효과적으로 공부를 하지 못하거나 성적이 부진할 경우에 여러 가지 문제가 발생한다. 이는 공부를 게을리한 후에 발생하게 되는 일시적인 현상일 수도 있지만 공부에 대한 고민을 지속하게 되면 학업에 흥미를 잃고 심지어 학업을 중단하는 경우도 생길 수 있다.

학업과 관련된 내용을 상담하기 위해서는 정상아와 정신지체(mental retardation)의 정도, 자폐장애(autistic disorder), 기초 학습 기능 발달장애(산수 발달장애, 글 표현 발달장애, 읽기 발달장애), 언어 및 말하기 장애(조음 발달장애, 표현언어 발달장애, 수용언어 발달장애, 말더듬), 조응 발달장애(developmental coordination disorder) 등의 문제가 고려되어야

한다.

  그러나 이러한 영역들은 주로 아동기 때에 등장하는 것이기 때문에 여기에서는 청소년의 학업부진 문제에 관한 상담에 관해서 살펴보기로 한다.

1) 학업 부진의 원인

(1) 선수학습의 결핍

  학교 수업은 거의 모든 경우 집단교육이다. 그리고 교육과정은 쉬운 내용부터 어려운 내용으로 발전하도록 짜여져 있다. 따라서 일단 한 시점에서 중요한 내용을 제대로 학습하지 못하면 그 이후의 내용을 학습할 수 없는 문제가 종종 생긴다. 교육학에서는 학생이 새로운 과제를 학습할 때 이미 과거의 학습사로서 가지고 들어오는 상태를 시발행동(始發行動, entry behavior 혹은 투입행동)이라고 부르는데, 이 시발행동은 새로운 학습과제를 성공적으로 학습할 가능성의 50% 변량을 결정한다고 한다(박성익, 1986). 특히 지식의 위계성 혹은 계열성이 강한 수학이나 과학에서 이런 현상, 즉 결손된 시발행동으로 인해 학습에 실패하는 현상이 자주 생

긴다. 수업이 고도로 개별화되어 있다면 이런 문제를 극복하기가 용이하지만 그렇지 못한 현실에서는 선수학습의 결핍은 회복하기 어려운 학업문제를 일으킨다. 한 번 생긴 학습의 결핍은 현재의 학업 부진을 야기시키고 현재의 학업 부진은 다시 미래의 학습 결핍으로 작용한다. 이런 현상이 반복될 때 '누적된 학습 결손'이 야기된다.

(2) 학습동기의 결여

학습동기는 공부할 과제에 대한 흥미, 의욕, 관심들은 포괄하는 일반적인 개념이다. 학습동기는 특정 교과의 구체적인 내용뿐만 아니라 한 교과 자체에 대한 감정(예 : 나는 수학은 지긋지긋하다)도 포함한다. 교육학에서는 이것을 정의적 시발행동(투입행동)이라고 부르는데 이것이 학습 성취도의 약 20% 변량을 설명할 수 있다고 한다. 학습동기 중에는 학업자아 개념이 비중있게 연구되어 왔다. 자아개념이란 자기를 어느 정도나 긍정적 혹은 부정적으로 보는가, 즉 자기에 대한 조망을 말하는데, 특히 자기의 학업 능력에 대한 자아개념을 학업 자아개념(academic self-concept)이라고 부른다(예 : 나는 머리가 좋다고 생각한다. 나는 공부에 자신감을 느낀다 등).

(3) 가정환경의 문제

지적 발달에 대한 가정환경 요인으로는 유아기의 감각적 자극 경험, 영양 상태, 양육방법(예 : 강화 및 벌의 방법), 인지적 학습에 대한 성취기대나 압력의 정도 등이 중요하게 다루어져 왔다. 그리고 가정에서 사용하는 언어의 특징도 아동의 지적 발달에 영향을 준다고 알려져 있다. 예컨대, 세분화되고 다양한 단어를 사용하는 가정 출신의 아동은 제한되고 상투적인 언어를 사용하는 가정 출신의 아동보다 학교 학습능력이 우수하다고 한다.

(4) 부모-자녀관계

부모-자녀관계에 대해서는 주로 부모의 자녀 양육방식이 연구되었다. 즉, 민주형, 전제형, 방임형, 익애형, 거부형 등 여러 양육방식 혹은 훈육방식들 중에서 민주형이 다른 형보다 자녀의 지적 발달이나 학업 성취에 가장 도움이 된다고 한다. 그런데 이런 연구만으로는 어째서 전제형이나 거부형 부모 밑에서 자란 아동은 민주형 부모 밑에서 자란 아동보다 학업 성취가 약한지를 설명하지 못한다. 그리고 부모의 전제적 양육방식이 일방적으로 아동의 학업 성취도에 영향

을 미치는 일방적·직선적인 인과관계(linear causality)가 아니라 아동의 학업 부진은 부모에게 좌절감을 주어서 부모가 아동을 대하는 태도와 행동이 더욱 전제적이거나 거부적으로 될 수도 있다는 상호작용적인 가설이 제기될 수 있다. 아동이 공부를 게을리하므로 부모가 잔소리를 많이 하게 되고 부모의 간섭에 대해서 반발을 느낀 아동은 계속해서 학업을 멀리 하며 이에 대해서 부모는 아동에 대해서 거부적이 되거나 간섭을 강화하는 등 상호 부정적인 관계를 교환하는 관계(negative reciprocity)에 빠지게 된다. 이런 관점을 순환적 인과론(circular causality)이라고 한다.

(5) 또래집단의 영향

어떤 친구를 사귀는가가 학업과 관련이 깊다는 것은 많은 부모와 교사들이 가지고 있는 가설이다. 공부를 하지 않고 놀기를 좋아하거나 비행을 하는 친구(소위 '나쁜 친구', '노는 아이')와 어울리면 공부에 투입하는 시간이 감소하여 학업성적이 하락하는 결과가 발생된다. 그리고 노는 아이들간에는 공부하는 행동보다는 비행이 더 영웅시되고(강화받는 행동), 유흥가, 공원, 쇼핑 센터 등을 배회하는 행동을 선택한다. 불량한 친구관계 한두 사람과의 관계를 넘어서 서클, 즉

집단에 가입하는 경우 상태는 더욱 나빠지고 지도에 의한 개선이 더욱 어려워질 것이다. 또한 학교의 전통이나 전체 분위기(학교문화, 학교풍토)가 학업 성취를 과소 평가하는 경우에도 문제가 될 것이다.

(6) 비효과적 공부방법

여기서 공부방법이란 시간관리(time management) 방법, 주의집중, 독서방법, 시험 준비 및 시험보는 요령, 예습·복습방법, 노트 필기 방법 등을 지칭한다. 예컨대, 아침에 일찍 기상하고는 등교할 때까지 빈둥빈둥 시간을 낭비하는 학생, 책을 한 자씩 읽어서 독서 능률이 극히 나쁜 학생, 노트 필기를 거의 하지 않거나 매우 비효과적으로 하는 학생, 수업시간에 잘 듣지 않는 학생, 시험 준비를 위해 다섯 과목을 7일 동안 공부해야 하는 데 한 과목 공부에 5일을 소비하는 학생 등은 비효과적인 공부방법을 사용하는 사람이다.

(7) 교 사

교사가 학생을 어떤 '눈'으로 보는가가 학생의 성적은 물론 지능 발달에 까지 영향을 줄 수 있다는 연구는 우리의 주

목을 끈다. 그리고 학생이 교사에게 느끼는 호오(好惡) 감정이 그 교사가 가르치는 교과목에 대한 흥미와 학습행동에 영향을 미칠 수 있다.

(8) 시험불안

시험에 대한 불안으로 인하여 시험공부에 지장을 받거나 시험을 칠 때 제 실력을 충분히 발휘하지 못하는 사례를 자주 본다. 시험이나 평가를 앞두고 어느 정도 불안해지는 것은 정상적인 반응이지만 그것이 시험 준비에 지장을 주고 시험 당시에 공부한 내용을 전혀 기억해 내지 못하는 정도라면 문제이다. 시험불안으로 인한 반응은 불안증세(가슴뛰기, 땀, 가쁜 숨 등)뿐만 아니라 주의집중이 안 된다는지, 두통·복통·기침 등의 신체증상으로 나타나기도 한다.

(9) 정신건강 문제

불안 이외에도 몇 가지 정신건강 문제는 학업 부진과 관련이 깊다. 우울증은 학업 부진의 원인으로 작용하는 동시에 (우울-동기저하-학업 행동 부진-학업 성적 하락) 학업 부진이 우울의 원인이 되기도 하는(성적 하락-실망, 좌절감-우

울) 상호관계를 가지고 있다. 그 외에 정신분열증을 비롯한 정신증적(psychotic) 문제는 사고장애, 즉 인지 기능의 장애를 일으키기 때문에 학과 학습에 지장을 주게 된다.

2) 상 담

학업 부진의 원인이 공부방법의 비효율성이나 선수학습의 결핍이 아닌 경우에는 상담방법을 고려해 보아야 할 것이다. 물론 공부방법 향상 프로그램이나 보충교육을 실시함과 동시에 상담을 병행할 수도 있겠다. 학업 부진의 원인이 단일 원인이 아니라 복합 원인이기 때문이다. 상담을 하더라도 문제의 성격에 따라서 상담전략이 달라져야 한다. 예컨대, 부모나 교사에 대한 불만이 주문제인 학생과 시험불안이 주문제인 학생을 상담하는 전략은 다르다. 시험불안에 대해서는 체계적 둔감법, 이완법, 불안유발 인지의 변화 등이 자주 사용되는 치료방법이다. 부모나 교사에 대한 불만은 대인감정(불만의 구체적 이유)과 대인행동(불만표출 방식)을 분석하고 새로운 대안행동을 학습하는 상담전략을 취해야 할 것이다. 불량친구의 영향이 주원인으로 드러나는 경우에는 부모와의 면담이 필수적이며, 학생을 불량친구로부터 격리하

는 방안을 강구해야 할 것이다. 불량친구들과 멀어지겠다는 본인의 의지가 중요하며 새로운 친구를 사귀고 생활방식을 개선하는 것을 목표로 상담을 할 수도 있겠다. 이미 부모와의 관계가 악화된 상태에는 부모상담, 가족치료 등도 고려해야 한다. 그리고 우울증이나 정신분열증 등 정신건강 문제에는 적절한 의학적·심리학적 처치를 받도록 조치해야 할 것이다(김계현, 1996).

특히 자기패배적인 악순환을 탈피하고 성공적인 학습 태도를 갖게 하기 위해서 자각(自覺), 대치(代置), 긍정적인 자극 등의 접근방법을 활용할 수 있다.

2. 진로문제

엄격한 의미에서 진로상담은 내담자의 생활 및 사고방식을 고려함으로써 내담자가 자기실현을 할 수 있도록 돕는 과정인 것이다. 직업 및 진로상담이 효과적이라면, ① 내담자에 대한 평가 및 진단, ② 정보의 수집 및 전달, ③ 일반적인 상담기법의 세 가지 요소가 필요하다. 상담의 초기 과정에서

는 내담자에 대한 정보를 얻기 위해 면접·설문지·생활기록 및 검사도구를 사용한다. 상담자는 이렇게 얻어진 자료를 평가하고 해석하기 위해 적절한 통계적 방법, 컴퓨터 및 자신의 경험 등을 활용하게 된다.

상담자는 수집된 자료를 종합적으로 평가한 후에, 내담자에게 일반 상담기법에 따라 평가한 결과 및 의미를 해석해 주고 내담자와 함께 논의한다. 이런 과정을 적절하게 거치면 내담자가 스스로 어느 정도의 진로를 계획할 수 있게 되고, 상담자는 바람직한 선택 결정에 이르도록 도와줄 수 있다.

상담자는 현대 산업사회의 급속한 직업변동 추세를 잘 파악하여 내담자로 하여금 특정 직업만을 목표로 생각하기보다는 보다 넓은 직업 분야를 생각할 수 있도록 도와주어야 한다. 현재의 추세로는 앞으로 직업을 여러 번 바꾸는 사람이 적지 않게 될 것이기 때문이다.

진로 목표와 계획을 설정할 때, 내담자 스스로 결정을 내리도록 상담자가 도와주는 것이 바람직하다. 상담자가 직업 정보를 제시하면서 적절하게 내담자를 격려해 준다면 내담자가 스스로 합리적인 목표를 선택할 수 있을 것이다. 따라서 상담자는 적극적으로 직업정보와 선택지침을 제시해 주어야 한다.

한편 대부분의 고등교육기관과 직장에서는 소속기관의 구성원으로서 규범적 생활에 적응할 것을 기대하고 있다. 특히 일반 사회의 직장은 가정이나 학교에서처럼 내담자가 자기 멋대로 할 수 있는 환경이 못 된다. 내담자가 직장의 이러한 속성을 잘 이해하지 못하고 있으면 좌절감이나 적대감을 느끼고 직업에 대해 불만을 갖게 된다. 따라서 상담자는 대담자의 가치관·인생 경험·기대를 충분히 고려하여, 내담자가 자신의 생활양식에 맞는 직업계획을 수립하도록 도와주어야 할 것이다.

직업정보를 제시할 때는 그 시기를 잘 선택하여 적시에 지시해야 한다. 일반적으로 내담자가 상담자로부터 검사 결과에 대한 평가와 해석을 듣고 나서 이것을 자신의 직업 선택에 활용하고자 할 때, 직업정보를 제시하여 주는 것이 좋다. 또한 내담자가 정보를 요구할 때는 그 정보에 대한 올바른 이해를 확인하고서 주는 것이 바람직할 것이다. 진로 계획이 수립되면, 경우에 따라서는 효과적 직업 수행을 위한 훈련 및 교육에 대해 자문을 해주는 것도 필요하게 된다. 진로 및 직업교육에 대해서는 여기서 다루지 않기로 한다.

상담을 종료할 때는 결정된 진로계획 그리고 검사 결과에 대한 기록들은 내담자가 가지고 갈 수 있도록 하는 것이 좋

을 것이다. 이렇게 하여야만 내담자가 검사 및 평가 자료 등을 좀더 참고할 수 있고, 진로계획에 대한 책임감도 크게 느끼게 될 것이다. 끝으로 모든 결정은 실제 장면에 부딪쳐서 실천해 보아 확인될 때까지는 잠정적이라는 생각을 내담자에게 심어 줄 필요가 있다(이장호, 1984).

진로상담 및 진로지도에서 사용될 수 있는 방법으로는 개별면담, 컴퓨터를 이용한 프로그램, 소집단 지도 또는 상담 프로그램, 학급 및 학년 단위의 지도 및 상담 프로그램, 유인물에 의한 정보 제공, 현장 견학, 현장 임시취업(인턴십 제도) 등이 있다. 이 중에서 앞으로 청소년들에게 각광받을 만한 것은 컴퓨터를 이용한 진로상담 프로그램이다. 개인용 컴퓨터 보급과 컴퓨터간의 통신(PC통신)이 청소년들에게 일반화되면서 그 활용 가능성이 증대되고 있기 때문이다. 이는 정보 제공 및 의사결정을 중요한 목적으로 삼는 진로상담이 컴퓨터를 이용해서 이루어질 수 있다는 가능성을 시사한다. 더구나, 청소년이나 젊은이들(진로상담의 수요자)이 대체로 컴퓨터에 익숙하다는 점을 감안할 때 컴퓨터를 활용한 진로상담은 보편화될 수 있다고 보인다.

컴퓨터를 활용한 진로상담을 이미 시작하고 있는 미국에는 크게 두 가지 형태의 프로그램이 개발되었다(Dibson &

Mitchell, 1990). 첫째는 진로정보 시스템이고, 둘째는 진로지도 시스템이다. 미국에서는 노동성을 중심으로 몇 개의 프로그램이 개발, 사용되는데 Career Information Systems(CIS), Guidance Information System(GIS), C-LECT 등이 대표적이다.

진로지도 시스템은 진로정보 시스템보다 자기탐색적이고 복잡하다. 단순한 정보 제공이 아니라 본인의 의사결정 및 구체적인 진로계획 과정을 도와주려는 목적을 가지고 있다. 프로그램 내에 흥미, 적성검사는 물론 가치관, 진로 탐색에 필요한 각종 질문이 수록되어 있다. 미국에서 가장 유행하는 프로그램으로는 System of Interactive Guidance and Information(SIGI)와 Discover System이 있다. SIGI는 유명한 ETS(Educational Testing Service)에서 개발, 보급하고 있는데 이용자는 주로 대학생 혹은 대학 졸업자이다. 반면에 Discover System은 초등학교 1학년생부터 고등학교 3학년생용, 대학생용, 성인용이 있다(김계현, 1996).

3. 성격문제

성격은 청소년기의 사고방식과 행동양식을 결정하는 중요한 요인으로 작용하고 있다. 어떠한 성격을 소유하고 있느냐에 따라서 여러 가지 형태로 나타나기 때문이다.

성격문제는 주로 대인관계가 원만하지 못한 것에서 알 수 있다. 다른 사람을 접촉하는 과정에서 소심함, 소극적, 내성적, 비사교적인 모습을 보여줄 수 있다. 가장 대표적인 유형으로는 자기주장 또는 자기표현의 문제, 대인불안, 열등감, 성격장애 등이 있다.

1) 자기주장 또는 자기표현의 문제

자기주장 또는 자기표현을 하지 못하거나 또는 완전히 하지 못하기 때문에 자신의 의견을 표시하거나 권리를 주장하지 못하는 경우이다.

자기주장 또는 자기표현의 부족 문제를 치료하거나 상담해 주는 방법에는 행동연습, 모델 관찰, 강화, 이완훈련, 비디오테이프 또는 오디오테이프에 의한 피드백, 코치, 역할학습, 역할 바꾸기, 자기평가, 집단토의, 과제 부여, 독서요법, 설득, 인지요법 등이 있다.

2) 대인불안

대인불안은 수줍어함, 비사교성, 내향성, 또는 내성적 성격, 대인공포(Social phobia) 등의 형태로 표출된다. 대인불안을 치료해 주거나 상담해 주는 방법으로는 대인기술의 연습, 긴장이완학습(relaxation training), 불안 상황 직면(노출), 인지요법(자기암시) 등이 있다.

3) 열등감

열등감은 타인과 비교해서 자신이 부족하다는 인식에서 생겨난다. 열등감보다 더욱 포괄적인 것은 '자아개념' 또는 '자존감'이라는 개념이다. 열등감에 대한 치료 또는 상담은 자존감의 회복, 긍정적 자아개념, 자신감의 고양에서 가능하다. 구체적인 상담기법은 자기주장 또는 자기표현의 문제, 대인불안에서 제시된 사항들을 상황에 맞게 적절하게 활용할 수 있다.

4) 성격장애

성격장애는 청소년들에게 흔하게 나타나는 현상이 아니다. 그러나 성격장애는 적응장애나 신경증(노이로제)과는 다

르다. 적응장애는 스트레스에 대한 반응이고 노이로제는 불안에 대한 방어적인 증세이지만 성격장애는 일종의 생활방식이다. 개인이 성장과정을 통해서 발달시킨 하나의 행동 패턴인 것이다. 따라서 성격장애는 청년기가 되어야 알 수 있고 대개 성인기까지 지속된다.

성격장애의 유형으로는 의심형(편집증적 성격장애, 망상형 성격장애), 고립형(분열성 성격장애), 분열형, 미숙형(연극적·히스테리성 성격장애), 자기도취형(자기애적 성격장애), 경계성 성격장애, 반사회적 성격장애, 가학적 성격장애, 자해적(자학적, 자기파괴적) 성격장애, 수동 공격형, 강박적 성격장애, 회피형 성격장애, 의존형 성격장애 등이 있다.

성격장애를 가진 사람은 대개 치료의 필요성을 느끼지 않기 때문에 성격의 변화 자체가 치료목표가 되는 경우는 드물다. 이들은 일시적인 우울 등 정서변화, 인간관계의 어려움, 직업 적응의 실패, 진로 고민 등의 문제를 가지고 상담을 요청하곤 한다. 따라서 그 사람의 호소문제를 해결하는 것이 치료목표가 될 때가 많다. 그리고 본인이 성격적인 문제를 가지고 있다는 자각을 가지고 자기 성격의 문제점이 무엇인지, 그런 어려움을 극복하는 방법은 무엇인지를 깨닫도록 하는 것이 치료목표가 될 수 있다.

4. 정서장애

    정서장애는 성격장애와 밀접한 관련이 있다. 그러나 성격장애는 주로 행동장애와 결부 시켜서 설명된다. 정서장애는 정서적인 상태, 즉 흔히 말하는 감정의 조절과 이에 따르는 행동적 표현에 문제가 있어서 감정 상태가 극단적으로 흐르거나 부적절한 상태가 지속되는 경우를 말한다. 감정 상태라 하면 즐거움과 슬픔, 분노와 평화, 안정과 불안정, 불안과 공포, 애정과 증오 등의 매우 기본적인 정서들을 의미하며, 이는 아동기에 경험을 통하여 통제 능력이 생기므로 정상적인 청소년이라면 어느 정도의 기복이 있어도 정상적인 범위를 유지할 수 있는 능력을 갖게 된다. 정상 범위 내의 정상적인 변화와 평형이 깨지고 이유없는 불안이 지속되거나, 특별히 외부적인 상황이 문제가 없음에도 불구하고 걱정하고 근심하며, 우울에 빠진다면 그것은 부적절하고, 그 원인으로서 현실에 기반을 두지 않은 내적인 심리 상태와 깊은 관련을 가진 것으로 볼 수 있고 이러한 상태를 정서장애라 할 수 있다.

1) 불안장애

　불안이란 인간이 경험하는 가장 흔한 정서의 하나로서 실제적이거나 가상적인 위협에 대한 심리적·생리적 반응이라고 할 수 있는데 그것이 현실에 기반을 둔 사건에 대한 불안이라면 정상적이고 또 적응적이라고 할 수 있으나 불안의 원인이나 대상이 비현실적이고 가상적이며 그 정도가 심할 경우에는 비정상적이고 부적절하다고 할 수 있고 이것이 불안장애이다.

　불안장애는 분리불안장애, 과잉불안장애, 회피불안장애 등으로 구분되며, 불안의 원인을 유전적이거나 중추신경계나 자율신경계의 항진된 반응 등을 들어서 생물학적 측면에서 찾는 경우가 있으나, 일반적으로 불안의 원인은 심리적인 것으로 설명하며 과거의 경험에 기반을 두어서 생긴 내적인 갈등, 특히 아동기에 부모와 가족과의 관계에서 일어난 분리에 대한 불안, 억압된 공격성과 분노, 성적인 환상, 죄악감과 관련된 갈등을 그 원인적인 요소로서 생각하고 있다.

　특히 현대 청소년들의 불안은 자신이 처한 생활 여건에 의해서 불안을 경험하기도 한다. 즉, 점차로 경쟁적인 사회 모습 속에서 자신의 학업성취, 진학, 성취감 등에서 불안을 경험하는 경향이 많아지고 있다.

　철저한 진단과 능력 및 심리 상태를 평가한 후 개개인에

맞는 치료가 행해져야 하는데 어떤 한 가지 방법보다는 정신역동적, 행동적, 그리고 정신약물학적 치료가 대개 혼합적으로 사용된다고 할 수 있다. 정신역동적 치료를 흔히 정신치료라고 하는데, 이는 불안 밑에 숨어 있는 공포와 걱정의 근본 출처가 과거의 어떤 경험에 의한 것인가를 이해하고 밝혀내고, 이를 환자가 깨닫고 실천에 옮김으로써 행동적인 변화를 이루려는 것이다. 약물치료는 항불안제를 쓸 수 있는데 특히 불안 상태를 줄이기 위한 약으로는 밴조디아제핀계 약물이 효과적이다. 물론 불안의 종류에 따라 다른 약들도 사용되는데 분리불안과 학교 공포증에는 이미프라민이라는 항우울제를 쓰게 된다. 행동수정 및 안정치료에 있어서는 불안의 원인을 내적인 심리적 갈등에 초점을 맞추는 것보다는, 상황적이고 환경적 요인을 학교나 집에서 찾아서 자기패배적 태도와 생각을 버리고 좀더 긍정적이고 적응적인 행동으로 옮길 수 있도록 도와주는 과정을 말한다.

2) 강박증

강박증은 되풀이해서 일어나는 강박관념이나 되풀이되는 강박적 행동이 두드러진 장애로서 이러한 생각과 행동이 의

미가 없으며 원하지도 않는데도 어쩔 수 없이 계속하지 않을 수 없는 때를 말한다.

강박증은 청소년들에게 있어서 임상적인 치료를 받아야 할 정도로 고통을 당하는 경우는 흔하지 않다. 그러나 강박증은 학습에 대한 부담감을 많이 느끼고 있는 청소년들에게는 정도의 차이는 있을 수 있지만 어느 정도씩은 상존하고 있다고 할 수 있다. 강박증에 대한 치료 또는 상담으로는 약물요법과 행동수정방법이 있다.

3) 대인공포증(사회공포증)

대인공포증이란 말 그대로 '사람 대하기를 두려워하는 증상'이라 할 수 있다. 그렇다고 해서 다른 사람이 자신을 해친다거나, 음모를 꾸민다거나, 험담을 하는 등의 피해의식 때문이 아니고, 오히려 자신의 어떤 점이 남에게 이상하게 보이지 않을까 하여 두려워하는 것이라고 할 수 있다. 즉, 얼굴이 붉어진다든가, 표정이 딱딱하다든가, 눈빛이 무섭다든가 등에 따라 사람들이 나를 이상하게 보지 않을까 걱정하는 것이다. 사람에 대한 공포라기보다 자기 상태에 대해 불안을 느껴서 그것이 다른 사람들에게 어떻게 비쳐질까 두려워한다.

임상 유형을 살펴보면, 가장 흔한 예가 적면공포, 즉 얼굴이 붉어지는 것이며, 시선, 표정, 추한 얼굴, 자기 몸에서 악취가 난다는 등의 공포가 가장 대표적인 증상이다. 많은 환자들이 이 증상만 없으면 다른 것은 아무것도 문제가 안 된다고 말하나 이것은 대인관계에서의 여러 가지 어려움의 한 표현일 뿐이다. 평균 발생연령은 14~15세 중학생 시절이 보통이며, 발생시기가 청소년 시기라는 것은 이 증상이 역동적으로 의미를 갖는다고 할 수 있는데 청소년기는 다른 사람과의 관계가 더욱 중요하며 여러 사람 앞에서 자신을 드러내기도 하고 인정을 받으려는, 그리고 자신의 신체 변화에 대하여 매우 민감한 시기이므로 신체 결함이 있지나 않나 하는 불안과 대인관계에서 오는 어려움이 관련있는 것으로 볼 수 있다. 대인공포증의 치료는 여러 가지로 시도되어 왔지만 개인치료, 행동치료, 인지요법 등을 들 수 있다.

4) 신경성 식욕부진증

신경성 식욕부진증은 대개 청소년기 여자에게서 일어나는데 자신이 뚱뚱하다고 느끼면서 밥을 안 먹기 시작하고 열심히 운동을 함으로써 체중을 감소하려 한다. 더 진행되면

밥먹는 것을 완전히 거부하고, 토해내고, 혹은 설사제까지도 사용함으로써 체중을 줄이려고 한다. 이들은 또한 진정한 의미에서 식욕이 부진한 것이 아니고 다만 몸무게를 줄이기 위하여 식사를 거부하는 것이므로 가끔은 한꺼번에 음식을 많이 먹는 과식증을 보이면서 일단 많이 먹고 난 뒤에 일부러 토해버리는 행동을 보이기도 한다.

식욕부진증은 치료상 매우 힘든 것으로 알려져 있는데, 그 중요한 이유가 자기자신은 식욕부진증을 병으로 생각하지 않고 계속 날씬하고 마른 체격을 유지하려고 하며 치료에 협조하지 않고, 또한 가정에서도 식욕부진 환자를 다루기가 힘들고, 또 식욕부진증 환자의 심리적인 문제와 가족의 역동이 상호 보완적일 가능성이 많아서 가족의 협조를 얻기 어렵기 때문이다.

입원치료 방법은 많이 연구되어 왔고 행동수정방법에 의하여 체중을 늘리는 작업이 선행되어야 하며, 개인상담치료와 집단치료, 가족치료 등이 병행됨으로써 전체적이고 전인적 접근방법을 필요로 한다.

5) 기분장애(우울장애, 조울장애)

기분장애는 크게 양극성 장애와 단극성 장애로 나눌 수 있는데 양극성 장애란 우울증과 조증이 혼재하여 나타나거나 번갈아서 나타나는 경우를 지칭하는 것으로써 조울증(manic depressive illness)이라고도 한다. 단극성 장애는 우울증만 되풀이하여 나타나는 경우로서, 우울증에도 심각한 경우(주요 우울증)가 있고, 기분이 약간 나쁜 상태가 지속되는 경우(우울신경증)가 있다.

우울증은 아마도 정신과적인 영역에서 가장 흔한 것이고 통계적으로 보아도 불안보다도 더 많은 것으로 알려져 있는데, 고등학생의 20% 이상이 우울증을 경험하였다고 보고된 바 있다. 물론 이 중에 심각한 조울증이나 우울증은 비교적 흔하지 않으나 우울증은 일반 대중에서도 그렇고 정신과 진료를 위해 찾아오는 환자 중에서도 가장 많은 질병이라 할 수 있다.

치료는 이론에 따라서 다소 차이는 있지만 의학적 치료와 심리적 치료 두 가지 요소를 겸해야 되는 것으로 보인다. 생물학적·의학적 치료는 특히 주요 우울증이나 조증에 있어서 반드시 시행되어야 한다. 항우울제, 항조증제가 사용되는데 이는 신경전달물질의 부족이나 그 과잉을 조절해 주는 약물로서 매우 효과적인 것으로 알려져 있다. 심리적인 치료방

법으로서는 전통적 정신치료와 안지치료를 들 수가 있고, 여기서는 대인관계에 있어서 오는 상실감과 낮은 자신감이나 불안정한 자아정체감을 다루어 주거나 부정적인 자아상이나 생에 대한 부정적이고 희망없는 인지적인 고정관념을 수정해 주어 크게 도움이 될 수가 있다. 대부분의 경우 생물학적인 치료방법과 정신역동학적인 치료방법을 겸하는 것이 좋다.

6) 정신분열 및 정신병

여기서 정신병이란 현실검증 능력의 이상과 전반적 인격의 붕괴를 수반하는 심각한 정신병적 상태를 의미한다. 이 중에 가장 대표적인 것이 정신분열이라 할 수 있는데, 아동기나 청소년기의 정신분열은 분열의 양상과 원인 등은 성인의 그것과 다를 바가 없으나, 다만 이것이 간혹 아동기에도 나타나며, 또한 청소년기의 후반(17~20세)에 정신분열이 가장 많이 시작되기 때문에 청소년을 다루는 모든 전문가들이 알고 있어야 하는 것으로 본다.

정신분열은 인류의 1%가 이로 인하여 고생을 하고 있고 가장 심각한 정신과적인 질환으로서 망상이나, 환각, 사고상의 지리멸렬, 그리고 부적절한 표정과 언동 등이 주증상으로

나타나며, 사람과의 관계에서 위축되고 혼자의 세계로 들어가거나 적어도 대인관계에 있어 매우 부적절한 언동과 표정을 관찰할 수 있다. 이런 증상들이 일시 있는 것이 아니고 6개월 이상 지속될 때 정신분열환자로 볼 수 있으며, 보통의 상담으로 도움이 안되면 의학적 치료를 요한다.

청소년에 있어서 현실검증 능력이 문제가 되고 또한 행동적으로나 언동에 있어서 정신착란과 '미친 짓'을 하게 되는 경우가 정신분열 외에도 많이 있다. 최근에는 많은 청소년들이 약물을 남용하므로 우선 약물에 의한 정신병적인 정신착란의 상태가 아닌지 살펴보아야 한다. 그러나 이런 약물이나, 뇌염, 혹은 기타 기질성 원인이 없이 갑작스런 정신병적 상태가 심한 스트레스와 심각한 심리적인 상처와 관련되어서 나올 수가 있다. 예를 들어, 입시에 낙방을 했거나 집안의 큰 사건(부모의 죽음), 혹은 견딜 수 없는 스트레스와 압력, 긴장, 특히 성적과 공부와 관련된 스트레스가 많이 모아졌을 때 더 이상 견디지 못하여 정신병적인 상태에 들어가는 수가 있는데 이들 단기반응성 정신병은 뚜렷한 정신·사회적 스트레스와 관련되어 일어나는 경우이므로 정신·사회적인 스트레스가 제거되면 곧 회복이 되는 경우가 대부분이다. 우리나라의 경우 '입시병', '고3병', '중3병' 등으로 알려진 입시를

앞둔 학생들에게서 보이는 심각한 불안, 우울, 정신이상증세 중 일부는 일종의 반응성 정신병이라고 할 수 있다.

7) 등교 거부증(학교 거절증)

학교 거절증은 어디까지나 그 밑에 깔려 있는 정서적·행동적 문제의 표현으로 볼 수가 있는데, 원인적으로 초등학교 시절에는 분리불안장애나 학교 공포증에 의한 것과 품행장애에 의한 것으로 나눌 수 있으나÷ 청소년시기에는 단순한 부모로부터의 분리불안이라기보다는 우울증, 품행장애 및 비행, 청소년 반항 내지 정체성장애, 경계성적 성격장애, 정신분열증 등에 의해서 원인이 될 수도 있다(홍강의, 1992). 또한, 생활습관이 건전하지 못해서 게으름을 피우거나, 친구관계, 교사와의 관계, 가정 환경적 요인 등의 외적인 형태의 원인이 있을 수 있다.

등교 거부증에 대한 상담 및 치료는 학생의 심리이해 및 행동양식 파악, 학부모와의 면담을 통한 가정생활 이해, 친구집단과의 면접을 통해서 이루어질 수 있다. 이들과의 협조 체제를 유지함으로써 등교 거부증을 없앨 수 있는 좋은 방안이 나오기도 한다.

1. 가정에 대한 이해

1) 청소년과 가정

　가정은 인간의 신체적 발달뿐만 아니라 정신적 성장에 커다란 영향을 미치는 가장 기본적인 사회이다. 또한 가정은 출생과 양육을 통해서 사회 구성원을 재생산하게 된다. 즉, 가정은 사회를 구성하는 기본적인 단위로서 인간이 세상에 태어나서 타인과의 관계를 유지하면서 독립적인 인간으로 성장할 수 있는 모든 여건을 마련해 주는 인간의 사회집단이다.

　그러므로 가정환경의 영향에 의해서 인격이 좌우된다. 특히 성인의 준비기에 해당되는 청소년기에 있어서 가정은 인격을 형성하는 데에 가장 커다란 영향을 미치는 생활환경이 된다.

　청소년기의 사회심리적 특성은 사회의 특수성에 영향을 받으며 사회와의 상호작용을 통해서 이루어진다. 또한 사춘기 청소년들은 이제까지 익숙해져 온 소년기의 사회적 역할로부터 밀려나오면서도 어른들의 세계에 쉽게 받아들여지지 못하는 애매한 상태에 처하게 된다. 즉, 청소년은 부모에 대한 의존과 독립하고 싶은 마음이 양립하면서 순종과 반항 사이를 왕래하며 아이로 취급하면 화를 내지만 반대로 어른 취

급을 하면 불안해 한다. 그들은 자신의 정신적 자주성을 강하게 주장하는 반면 주위의 기성세대를 부정하고 비난하며 기성세대가 청소년의 가치와 맞지 않는 관습, 기성세대의 가치, 제도 등을 강요할 때 청소년들은 반항과 더불어 자기만의 세계로 이탈해 간다. 이같은 심리적 이탈은 동료 속으로의 탈출, 가출, 사회적·지리적 이탈로 이어진다.

그런데 청소년의 생활과 특히 밀접하게 관계되는 것은 가족제도와 교육제도이다. 전통적인 사회에서는 청소년들이 현대사회에 있어서보다 훨씬 더 공동체적인 성격이 강한 가족 단위, 혹은 소규모 집단이나 가정과 유사한 교육장에서 지도를 받을 수 있었다. 그러나 현대사회는 전통적인 가정이 붕괴되고 그 기능 또한 변화됨으로써 가정의 역할이 축소되는 경향을 보이고 있다. 즉, 가정은 작업장인 동시에 생활의 장이며 교육의 장으로써 인격과 인격의 만남이 이루어지고 상호작용을 통해서 정서적·지능적·성격적 발달과 성장을 가능케 하는 곳이었다.

그러한 기능이 전문교육기관인 학교에 맡겨지게 되었고 초기의 학교교육은 규모가 작은 가정환경과 유사한 공동체적 성격의 교육의 장으로써 청소년을 위한 교육이 바람직한 상태로 이루어질 수 있었다. 그러나 오늘날의 학교는 사회가

기대하는 만큼의 교육의 본래 기능을 충분히 수행하지 못하고 있는 것으로 평가되고 있다.

    가정에서의 교육적 기능의 약화는 결국 청소년 교육의 문제점을 파생시키게 되었다. 청소년 교육 문제를 파생시킨 역기능적(逆機能的) 가정환경을 살펴보면 다음과 같다.

    첫째, 현대 가정의 가장 뚜렷한 특징이라고 할 수 있는 핵가족화에서 오는 문제이다. 고도 경제성장에 의한 작업구조의 변동과 그에 따른 도시화, 출산 자녀 수의 감소 등으로 가족 수가 줄어들고 가족 형태가 변함으로써 가족관 및 도덕관의 변동으로 인한 문제가 나타나고 있다. 즉, 가족간의 관계를 단조롭게 만들어 고립화되며 원만한 인간관계를 형성하는 데 저해되며 나아가 소외감을 갖거나 정서적 안정을 잃게도 된다.

    둘째, 부모가 집에 거주하는 시간이 줄게 됨으로써 오는 문제이다. 가정을 중시하는 경향을 보이고 있지만 아직도 한국의 아버지는 집 밖에 있는 시간이 많으며, 맞벌이가정의 증가로 어머니도 직장을 갖게 됨으로써 그 역할을 소홀히 하는 경향이 있다.

셋째, 가정의 폐쇄성에서 오는 문제이다. 도시화가 가속화됨으로써 도시의 특성이 그대로 가정에 침투하는 경향이 있고, 주거구조가 폐쇄적으로 됨으로써 인간관계를 단절시키고 있다.

넷째, 대중매체의 가정 침입에서 오는 문제이다. 대중매체(특히, 텔레비전이나 비디오)가 가정에서의 여가시간의 대부분을 빼앗아 감으로써 가족간의 대화를 단절시킬 뿐만 아니라 청소년들의 정신적 혼란과 가치관의 혼란을 가져온다.

다섯째, 잘못된 교육관에서 오는 문제이다. 특히, 우리나라는 과열 입시경쟁으로 인하여 가정에서도 자녀들은 입시에 억눌려 있으며, 부모들이 자녀를 대하는 태도도 학교 성적과 결부시키는 경향이 많다. 특히 우리나라는 전통적으로 지나친 교육열과 그 잘못으로 인해 청소년에게 부정적 영향을 끼치는 경향이 있다.

여섯째, 결손가정, 빈곤가정, 부재가족 등이 있다. 결손가정에는 부자가정, 모자가정, 계부·계모가정, 부부가 이혼중이거나 별거 중인 준결손가정 등이 있으며, 빈곤가정은 절대

적 빈곤가정과 상대적 빈곤 가정으로 나누어 볼 수 있고, 부재 가족은 맞벌이, 입원, 요양, 수형, 장기출장 등에서 나타난다.

그 외 가족생활의 공간의 협소로 인한 문제 특히, 도시에서의 세입자들의 주택 공간 협소로 인한 가족생활의 불안정성, 가족 구성원 이동의 빈번, 가족도덕의 해이, 젊은 세대의 가치관 변화와 독립적인 사회 설계 추세 등으로 인한 문제들을 지적할 수 있다(권이종, 1992a).

2) 가정교육의 문제점

현대사회에서의 가정교육의 문제점은 다음과 같다.

첫째, 아버지의 권위 상실이다.

과거에는 부모는 자녀들에게 있어서 절대적인 인간형의 모형이 되었으나 현대에 와서는 이러한 현상이 점차로 감소되면서 청소년문제가 더 많이 발생하게 된다는 점이다. 부모의 권위는 '권위'라는 말의 의미에서 종속관계의 부정적 이미지를 지닐 수 있다. 그러나 교육적 상징으로서의 부모의 권위는 청소년들에게 전수되어야 할 교육적 차원에서의 권위이다. 현대는 특히 아버지의 권위의 상실이 더욱 커다란

문제로 대두되고 있다. 핵가족화 현상으로 인한 권위의 상실과 함께 또 하나의 결정적인 요인은 아버지의 직업과 많은 관련이 있다. 즉, 직장이나 사업과 관련하여 가정 이외의 장소에서 많은 시간을 보내고 있기 때문에 청소년들과 함께 있을 시간적 여유가 많이 줄어들었으며, 아버지의 직장과 자녀들의 거주지가 분리되어 있기 때문에 청소년들이 아버지 보살핌과 통제권 밖에 있는 경우가 많아졌다.

둘째, 어머니의 보살핌의 부족이다.
현대사회에서는 직업의 분화로 말미암아 여성들이 담당할 수 있는 업종이 많아지게 됨으로써 여성들의 직장생활이 일반화되었다. 인간의 기본적인 감정은 어머니로부터 아이에게 전달되어 형성된다. 이러한 기본적인 감정은 성인이 되었을 때에도 영향을 미치기 때문에 어머니의 보살핌이 무엇보다도 중요하다. 그러나 어머니의 직장생활로 인하여 자녀에 대한 보살핌의 기회가 많이 상실됨으로써 청소년 교육에 문제가 되고 있다.

어린시절에 어머니와 떨어져서 성장한 청소년들은 다음과 같은 특징이 있다.
① 정서 결여 성격이 현저하게 발견된다.

② 정(情)관계 형성에 장애가 되어, 성장해서도 따뜻한 애정관계를 못 가진다.
③ 지적 발달에 장애가 있다. 사고의 세계 등 지적 수준이 현저하게 뒤떨어진 상태가 나타난다.
④ 충동·공격성에 대한 억제 능력이 없다. 욕구불만이나 타인에 대한 공격성을 조절하지 못한다.
⑤ 또한 한 가지 두드러지게 나타나는 것은 청소년비행을 빼놓을 수 없다.

위의 모든 원인이 바로 어머니와 자녀 사이의 기본적인 양육관계가 상실되었을 때, 어머니의 사랑이 상실되어 부모의 따뜻한 애정 결핍의 결과가 모든 청소년들의 정신적·신체적 발달에 저해요인이 되고, 더 나아가서 그들의 정신적·신체적인 폭력 또는 비행으로 발달되어진다(권이종, 1992a).

셋째, 부모의 폭력성이다.

부모로부터 신체적 학대를 받고 자란 청소년들은 여러 가지 비행을 저지르며 성격장애를 나타내게 된다. 특히 자녀가 어머니와 함께 생활하였다 하더라도 어머니로부터 신체적 체벌 또는 정신적 학대 등을 받고 자란 청소년들은 충동적이며 공격적인 성격 특성을 보이며 반사회적이며 우울한

정서적 특성을 나타내게 된다.

넷째, 결손가정이다.
가족관계의 구조적 해체는 감수성이 예민한 청소년에게는 심각한 문제가 된다. 부부간의 불화에 의한 이혼이나 별거, 부모의 일중독증, 부모나 가족 중의 알코올중독, 장기 입원환자 또는 정신병자가 있는 경우, 부모간의 폭력, 부모와의 사별 또는 계부나 계모, 특정 종교에 대한 광신자 가정 등은 따뜻한 가족관계를 형성할 수 없기 때문에 청소년들에게 심각한 영향을 미치게 된다.

다섯째, 가정의 빈곤이다. 가정의 경제적 빈곤은 청소년들로 하여금 다른 가정과 비교하여 상대적 빈곤감에서 오는 수치심을 갖게 된다. 이러한 수치심을 해소하기 위하여 여러 가지 비행을 일으킬 수 있으며, 바람직하게 해소되지 않을 경우 우울증 등의 심리 상태를 지닐 수 있다.

여섯째, 자녀에 대한 과잉보호 또는 무관심이다.
자녀에 대한 과잉보호는 자녀의 자주성 상실, 학업 성적에의 집착, 부모의 기대에 대한 부담감 등을 지닐 수 있다.

반면에 자녀에 대한 무관심은 청소년으로 하여금 무질서한 생활을 하는 원인이 되므로 청소년문제를 야기시키게 된다.

일곱째, 양친 가정과 중류계층 이상의 가정에서의 청소년문제 발생이다.

청소년문제는 주로 결손가정이나 하류계층에서 발생한다. 그러나 선진국의 예에서처럼 우리나라도 양친부모가 있으며 경제적으로나 신분에 있어서 중류계층 이상의 가정에서 일어나는 청소년비행이 점차 증가하고 있다.

이와 같은 현상은 물질적 · 신체적 결핍의 욕구에 의해서 행해지는 것이 아니라 일시적인 쾌락, 호기심, 충동으로 인하여 아무런 죄의식 없이 또한 처벌에 대한 두려움 없이 기분전환의 수단으로 이루어지고 있다. 이는 가정 내적인 문제도 있겠지만 청소년들이 접하게 되는 사회환경, 청소년문화, 여가생활 등의 가정 외적인 문제에서도 그 원인을 찾을 수 있다.

2. 학교에 대한 이해

1) 청소년과 학교

　청소년비행의 원인에 대한 논의에서 1차적인 환경적 요인으로 가정과 사회를 지적하고 있다. 그러나 하루 생활의 대부분을 학교에서 보내게 되는 청소년에게 있어서 문제의 원인을 학교에서 찾는 경향이 대두되고 있다. 즉, 청소년문제에 대한 학교교육 원인에서는 전인적 성장(全人的 成長)을 도모해야 할 학교교육이 기능을 제대로 발휘하지 못하고 있다는 점을 지적하고 있다.

　청소년을 이해하는 데 있어서 학교는 단순히 지적인 수준의 확인 차원에서가 아니라 청소년문제의 근원으로 접근해야 할 필요가 있다. 청소년 생활지도를 위한 환경적 이해의 차원에서 학교교육의 문제를 지적할 때 가장 많이 논의되고 있는 사항이 입시 위주의 교육문제이다. 지나친 점수경쟁으로 인한 파행적 학교운영과 바람직한 인간교육의 실종현상을 예로 들고 있다.

　학교교육 목표 전반에 영향을 미치는 이러한 입시 위주 교육은 다음과 같은 문제점들을 파생시킬 수 있다.

첫째, 시험체제의 병리를 지적할 수 있다. 입시 위주 교육에 있어서는 시험점수가 결정적인 요인으로 높은 시험점수를 획득하기 위하여 학교에서 자주 시험을 치르게 되고 시험의 중요성을 강조하게 된다. 따라서 시험에 대한 중압감, 시험 후의 결과에 대한 불안이나, 시험 횟수의 과다 등이 시험체제에 대한 학생들의 스트레스를 증가시켜 심지어 정신병 및 자살에까지 이르고 있다.

둘째, 교육과정과 방법에 미치는 영향은 매우 크다. 대학 입시 준비를 중시하는 풍토에서 교육과정은 비정상적으로 운영된다. 국·영·수 등 입시 중요 과목에 많은 시간을 투여하게 되며, 예체능 과목을 입시과목으로 사실상 대치하기도 한다. 이러한 입시과목 위주의 수업 진행과 수업방식에 있어서도 암기식·주입식 교육이 강조되며, 20% 정도의 공부 잘 하는 소수의 학생을 위주로 수업하게 되어 많은 청소년들이 자기 능력에 맞지 않는 교과내용과 많은 교과목으로 인해 고통받고 있다.

입시과목을 잘하는 학생은 훌륭하고 문제없는 학생이고, 공부 못하는 학생은 문제있는 학생으로 낙인찍히는 상황에서 공부 잘하는 학생들도 성격적·정서적 병리현상을 많이

보여주고 있다. 대체로 학교에서 열등한 대우나 보상을 받는 학생들은 반항하여 비행청소년이 되거나, 보상적 행동으로 도피를 하거나, 고민과 스트레스 속에서 참지 못하면 가출이나 자살을 선택하기도 한다.

셋째, 입시 위주 교육은 교사와의 인간관계나 학교 내 친구문제에 크게 악영향을 미친다. 과대·과밀학급 속에서 교사와 학생 간의 진정한 인격의 만남은 기대할 수 없고, 만난다고 하더라도 대화 내용이 대체로 기계적이고 형식적인 성적이나 시험 결과 등이 대부분을 차지한다. 더욱이 교실 내 친구관계도 협력과 도움보다는 경쟁적 인간관계로 갈등을 겪는 학생들이 많이 나타나고 있다.

넷째, 입시 위주 교육은 지식 위주의 주지주의 교육에 강조점을 두게 됨으로써, 정서교육이나 의지력 훈련의 기회가 부족하게 되어 전인교육에 많은 문제점을 보여주고 있다. 주지주의 입시교육으로는 성장에 갖추어야 할 다양한 자질 계발이나 정서함양 및 올바른 인격교육이 부족해지며, 이로 인해 범죄나 비행의 위험에 직면하였을 때 이를 적절히 통제할 자아통제력을 잃어버리기 쉽다는 점이다.

다섯째, 이러한 입시 위주 교육은 직업교육이나 진로교육을 소홀히 함으로써 진학 이외의 인생설계나 취업의지조차 기르지 못하고 있는 실정이다. 인문계 고졸자의 경우 많은 대학 탈락생들이 다른 길을 선택하지 못하고 재수생의 길로 접어드는 이유도 여기에 있다.

여섯째, 입시 위주 교육으로 학교에서의 생활지도 교육이 형식적이고 미흡한 실정이다. 전인교육을 지향한 생활지도활동이 중요함에도 불구하고 외형적이고 형식적인 생활지도를 탈피하지 못하고 있으며, 상담전문교사를 적절히 확보하지 못하고 상담실조차 제대로 갖추지 못한 학교들이 많다는 것이다. 그리고 문제행동 발생 시 공부 잘하는 학생과 못하는 학생을 구별지어 취급함으로써 공부 못하는 학생을 더욱 낙인찍히게 할 우려도 있다고 볼 수 있다(최충옥, 1992).

2) 학교교육 문제로 인한 청소년문제의 유형

(1) 공부 기피

공부 기피 현상은 우리나라의 교육환경에서 가장 많이

발생하며 문제시되는 심각한 유형 중의 하나이다. 모든 학교, 모든 교실에서 전체 학생의 1/5 또는 2/5는 우수학생이고 나머지 학생들은 우수하지 못한 학생이다. 물론 지역과 학교 종류에 따라서 다르긴 하지만 각 학교의 각 학년마다 많은 학생들이 교육에서 소외되어 있다. 쉽게 표현하여, 들러리 서는 학생들은 원하든 원하지 않든 공부기피 집단으로 간주해야 한다. 우리 학교교육은 학업성적에 의하여 좋은 학생과 나쁜 학생, 문제학생과 모범학생으로 구분하고 있다. 성적이 우수한 학생은 모범적이고, 성적이 낮은 학생은 좋지 않은 학생이라고 평가받고 있다. 따라서 성적이 우수한 학생은 우월감 속에서 생활하고, 성적이 나쁜 학생들은 열등감 속에서의 불행한 생활이 이어져 학교 공부에 관한 흥미를 잃고, 모든 생활이 기계적·수동적으로 이어진다. 그리하여 공부 기피 현상은 점점 더 두드러진다.

(2) 등교 거부

공부를 기피하는 청소년들도 비교적 학교는 잘 다니고 있다. 그런데 학생지도적인 측면에서 더욱 어려운 것은 학교를 안 가는 문제이다. 개개인에게는 어떠한 형태로든지 등교를 거부하는 이유가 있겠지만, 어른들이 이해할 수 없으며,

외적으로는 질병도 없고, 또 다른 가정사유도 없는데 학교가는 것을 싫어하고 부모나 교사의 권유에도 반응이 없으며 자기 방에 틀어박혀 부모에게 거친 언행을 하는 등의 일탈행동을 하는 청소년의 숫자가 늘어나고 있다.

그러나 등교 거부는 아무 이유가 없다. 최근에 와서 등교 거부는 학교공포증 또는 시험불안 등의 요인에 의하여 발생하는 경우가 많다. 물론 등교 거부에는 정신병적인 이유인 정신분열증, 조울증, 자폐증 등으로 인한 등교 거부가 많이 있으나 여기서는 이렇게 심한 정신병자를 찾아볼 수 없는 상태에서 등교를 거부하는 것을 의미한다. 그런데 학교 등교 거부는 연령에 따라서 차이는 있지만 대부분 다음의 세 가지 유형 속에 포함된다.

첫째, 격리불안 또는 분리불안에서 오는 등교 거부이다. 이는 대부분 유치원이나 초등학교 저학년에서 많이 발생하는 등교 거부이다. 이 형태는 과잉보호 속에서 자란 어린이들에게서 더욱 두드러지게 많이 나타난다. 부모의 품안이나 가정환경에서 떨어져 나갈 수 없는 상태, 불안상태로부터 오는 것이다. 또는 유치원이나 학교의 긴장된 장소·건물로부터 도피하고자 하는 원인에서 나타나는 등교 거부이다.

둘째, 사회·정서적인 미성숙에 의한 등교 거부이다. 이러한 현상은 초등학교 고학년과 중학생 사이에 많이 발생한다. 그들 중에도 외동아들·딸인 경우가 많고 과보호의 양육을 받고 자라 작은 욕구불만을 참지 못하고 긴장된 학교 장면에서 도피하여 가정에 있고자 한다.

셋째, 흔히 청소년들에게서 많이 발생하는 심리적 독립의 좌절에 의한 등교 거부이다. 등교 거부는 공부도 잘하며 지적으로도 높은 중·고등학생에게 많이 나타난다. 양친의 학력도 높고, 경제적으로도 안정된 가정의 자녀에게도 발생한다. 이는 사춘기가 되면 모든 청소년들은 자아가 성숙되어 부모 또는 기성세대로부터의 독립을 원하게 되는데, 현실적으로 자아가 약하기 때문에, 즉 의존과 독립의 갈등 결과로 등교 거부가 발생하게 된다.

현대의 우리 사회는 학력주의 사회로서 학교는 고학력 취득을 위한 경쟁 장소로 학교 친구가 경쟁적인 라이벌의 대상이고, 정서적으로 긴장된 장소가 되고 있다. 특히 최근 부모 자신들의 학력이 많이 높아져서, 이러한 부모일수록 자녀들에게 지나친 높은 성적을 요구하게 된다. 다른 선진국의 부모들에게서는 이러한 현상을 발견할 수 없다. 또한 지적할 수 있는 것은 이러한 가정의 자녀들이 부모의 기대에 따르려고 노력한다는 것이다. 여기서 정서적 긴장불안 때문에 인격이 파괴되는 경우가 많다. 인격이 붕괴되기 직전에 있으면서 자기방어의 행동을 발휘하여, 이 행위가 질병에의 도피이고, 등교 거부는 그 전형적인 한 예가 되겠다.

(3) 태학(台學)

긴장된 장소로부터 교육병리로의 도피가 등교 거부라면, 현실 도피가 태학이다. 등교 거부 학생들은 비교적 성적이 좋은 학생들이 많은 데 비하여 공부 기피와 태학은 성적이 낮은 학생들이 많다. 전자는 학교를 가지 않으면 안 된다고 생각하면서 학교에 가지 못하면서 고민하고 있는 학생이고, 후자의 태학을 하는 학생들은 학교에 가고 싶지 않다고 생각하는 청소년들이다.

공부에 게으른 학생들은 어느 면에서 가정으로부터 도피하려는 무기력형의 도피이다. 이들은 학교에 갈 때 지각과 결석을 많이 한다. 또한 수업이 재미없고, 공부를 잘 못하기 때문에 학교생활이 지루하고 보람을 느끼지 못한다. 이들은 참을성이 없고 제멋대로 생활하며 반사회적 행동을 한다.

학업 부진이 계속되므로 학교에 적응하지 못한다. 학교를 떠나서 다방, 유흥장 등을 방황하면서 사회적응을 못하는 동료들을 만나게 되고 그들과 주로 어울리게 된다.

이러한 과정에서 비행그룹, 갱(gang)을 조직하여 불건전한 이성관계, 도박행위, 약물중독 등에 열중하게 된다.

(4) 비 행

비행을 여러 분야로 개념화할 수 있지만 어느 면에서는 비행이란 공동생활에서 소외당한 데 대한 적극적 반항행위이다. 현대사회에서 청소년비행의 특징은 다음과 같은 특징을 보이고 있다.

첫째, 청소년비행이 저연령화 추세에 있다는 점이다. 산업화·도시화 이전에는 청소년비행이라고 하면 고등학생이나 청소년 후기의 연령층이 대단히 많은 것으로 알려졌는데, 지금은 중학생, 초등학생들의 청소년비행이 증가하고 있다.

둘째, 학생비행이 증가하고 있다는 점이다. 학부모들의 빗나간 교육관과 입시 위주의 교육병리 현상으로 학생들은 심한 정신적 압박을 받아 대부분의 중3이나 고3 학생들이 소

화불량, 노이로제 등의 질병을 앓고 있고, 성적 부진을 비관하면서 학교·가정을 뛰쳐나가 본드, 부탄가스 등을 마시며 범죄의 길로 들어선다.

셋째, 여학생의 비행이 증가하고 있다는 점이다. 비행의 유형도 매우 다양해졌으나 특히 많은 유형이 재산범 및 직접·간접적으로 성과 관련된 비행이, 즉 불건건한 이성교제나 성교, 매춘 등의 성비행으로 나타나는 소녀들이 증가하고 있다. 이들 여학생 비행의 공통적인 특징은 다른 청소년에게 찾아볼 수 있는 것과 같이 이들은 신체적·정신적 발달이 불균형을 이루고, 성적으로 조숙하고, 학업성적이 낮고, 공부에 흥미를 잃고, 학교로부터 소외당해 비행행위를 선택하는 것이다.

넷째, 학교 내 폭력이 증가하고 있다는 점이다. 학교의 지식 중심의 교육, 체벌·금지·통제 중심의 학교지도에 대한 반발이 교사폭력의 가장 큰 원인이 되고 있다. 특히 국·영·수 등의 교과목에 자신이 없는 학생에게 있어 더욱 많다. 이들은 공부에 적응을 못하고, 자신들에게 열등감을 안겨 주어 직접적으로 사물이나 인물에게 공격하여 욕구불만

을 해소하려고 한다.

(5) 자 살

초등학생들은 감수성의 예민한 반응으로 사소한 일에서 생기지만 중등학생들은 학교공부의 부진, 진로문제, 부모와의 나쁜 인간관계 등을 자살동기로 나타내고 있다.

또한 청소년과 관련하여 현대사회의 고학력 지향의 반영, 자녀들에 대한 과잉보호, 부모의 지나친 기대, 진학경쟁에의 몰두, 사소한 욕구불만, 문제해결, 능력의 부족 등이 자살동기가 되기도 한다(권이종, 1992a).

3. 사회에 대한 이해

1) 청소년과 사회환경

오늘날의 급격한 사회변화는 새로운 사회환경을 조성해 가고 있다. 청소년에게 있어서의 사회적 변화는 문화적 충격을 의미한다. 이러한 변화는 청소년들로 하여금 자아정체감

의 위기를 가져올 뿐만 아니라 비행을 초래하여 사회적 문제로 대두되기도 한다.

청소년의 사회심리적 특성에 영향을 미치는 현대사회의 특성은 다음과 같다.

첫째, 현대사회의 대중사회적 특성은 산업 및 경제구조의 변화, 정치 및 사회구조의 변화와 함께 인간 소외, 획일화, 대중화 현상으로 나타난다. 이에 따라 인간 소외가 심화되면서 인간관계가 경제적인 차원에서 형성되는 경우가 많아졌다.

둘째, 대중매체에 의해서 상업주의가 성행하게 되었다. 이로 인해서 선정성과 폭력성이 강조되면서 문화의 질(質)이 하강하는 현상을 보이게 되었다.

셋째, 향락산업의 번창으로 인하여 도덕적 타락현상을 가져왔다. 경제발전의 부산물인 향락산업은 사회 전체 구성원들로 하여금 쾌락적인 경향을 갖게 하였다.

넷째, 정보산업의 발달로 인하여 정보만능시대와 정보의

오용과 남용의 시대가 되었다. 정보는 인간에 의해서 만들어져서 인간을 위해서 활용될 수 있도록 하였다. 그러나 고도의 정보기술을 각종 범죄에 사용하는 경우가 등장함으로서 새로운 사회문제로 대두하게 되었다. 또한 정보에 지배당하는 현상이 초래됨으로써 인간성을 상실하는 경우가 많아지게 되었다

2) 청소년의 사회심리적 특성

청소년의 사회심리적 특성은 청소년들이 속해 있는 사회문화적 조건에 영향을 받을 수밖에 없다.

특히, 청소년들의 사회심리적 특성을 유발하는 우리나라의 사회문화적 조건들을 구체적으로 제시하면 다음과 같다.

첫째, 물질주의 · 과소비성향 · 향락주의가 만연되고 있다.
① 무슨 짓을 해서라도 잘 먹고 잘 사는 것이 좋다는 사회풍조가 청소년의 인격형성에 악영향을 주고 있다.
② 서구의 소비적 물질문화, 향락주의의 영향으로 물질만능적 배금사상이 팽배하고 있어 청소년들은 올바른 가치관과 생활태도를 형성하지 못하고 있다.

둘째, 사회구조적 측면에서 불균형이 심화되고 있다.
① 산업간·계층간·지역간 현실과 이상간의 격차가 심해지면서 상대적 빈곤감 내지 불만이 커지고 있다.
② 급속한 사회변화로 인한 가치관의 차이로 인해 청소년들은 갈등과 불안을 안고 있다.

셋째, 바람직한 가치관이 정립되지 못한 가치혼란 상태에 있다.
① 가치관의 혼란으로 방향 감각이 상실된 상황 속에서 청소년들은 복잡한 심리 상태내지는 반항의식을 느끼고 있다.
② 이 결과 무절제한 방종을 자유라고 생각하고 있다.

넷째, 대중매체가 청소년들에게 주는 악영향이 심각하다.
① 대중매체를 통한 성인문화와 서구문화의 무분별한 침입은 청소년비행이나 범죄의 원인이 되고 있으며, 자아형성에도 왜곡된 영향을 미치고 있다.
② 매스미디어가 제시하고 있는 우리 현실과 유리된 문화적 목표나 사회적 가치가 청소년들에게 무비판적으로 내면화되고 있으며 욕구불만을 증대시키고 있다.

현대사회의 이와 같은 청소년의 사회심리적 특질을 형성

하는 사회문화적 조건들은 현재 우리 사회에도 그대로 작용하고 있다. 우리나라 청소년들의 사회심리적 특성은 다음과 같다(권이종, 1992b).

① 연장자에 대한 존경심의 상실
② 규칙과 질서의 무시
③ 자기중심성과 지나친 이기주의
④ 의무보다는 권리 추구형이고 책임감이 약함
⑤ 비현실적인 포부 수준과 현실 감각의 결여
⑥ 반예의 · 몰순결 · 감각적 쾌락 추구의 가치관
⑦ 동료집단에의 맹목적 동조성
⑧ 스포츠맨이나 연예인에 대한 영웅관
⑨ 반근로적 태도와 안일성의 추구
⑩ 어떤 사회계층의 주도적 가치에 대한 점유욕
⑪ 거시적인 이익보다는 눈앞의 이익만을 추구
⑫ 비판추구

4. 청소년문화에 대한 이해

1) 청소년문화의 의미와 유형

청소년문화는 청소년기에 있는 젊은 세대들이 그들 나름의 행동방식과 생활양식을 모태로 하여 형성한 독특한 문화로서, 전체 사회문화나 주도(주류)문화에 대하여 하나의 부분을 이루기 때문에 부분문화 또는 하위문화를 형성한다.

청소년 하위문화는 청소년들에게 특이하게 존재한다고 생각되는 가치관 및 태도 등을 의미하는 것으로서, 외부적으로 관찰할 수 있는 언어 · 복장 · 행동 등의 외주적인 문화가 있는가 하면, 정신세계의 방향을 제시해 주는 이념적이고 이상적인 문화가 있다.

그런데 청소년은 주변인의 위치에서 자신의 존재와 위치에 대해 의문을 갖게 되고, 정체감의 위기를 경험하게 됨으로써 자신들의 존재를 시위하고 싶은 충동을 통하여 청소년문화를 형성하게 된다. 즉, 청소년문화는 비슷한 성장과정에 있는 청소년들이 자신들의 정체감을 찾으려는 몸부림이라 할 수 있다. 그러므로 일반적으로 청소년문화란 '청소년이 처한 전환기적이고 과도기적인 상황하에서 청소년의 자아정립과 관련된 불안과 혼란과 동요를 동료집단에의 귀속의식을 통한 안정감을 토대로 보상적으로 회복하고자 하는 노력의 결정'이라고 정의할 수 있다(권이종, 1992b).

이러한 청소년문화를 유형별로 분류하면 다음과 같다.

(1) 여가문화

청소년기에 있어 여가는 매우 중요한 의미를 갖는다. 이는 신체적·정신적으로 심한 격변기에 있는 청소년들이 기성세대나 성인들의 간섭과 압력이 뒤따르지 않는 여가시간을 통하여 독자적인 자기 세계를 만들고 자기를 발견하여, 자기가 한 행동에 대해 책임질 수 있는 기회를 갖고자 하기 때문이다.

(2) 언어문화

오늘날 청소년 언어는 고도로 발달한 산업·능력·소비사회의 언어 형태 및 특성을 반영한 것으로서, 이는 청소년들의 연령과 발달단계, 나라의 정치·사회문화적 수준, 지역 등에 따라 상이한 청소년 언어문화의 형성은 물론 어린이와 청소년들에게는 놀라울 정도의 언어적 창조성이 잠재되어 있다.

　청소년들 사이에서 관찰될 수 있는 대표적인 언어문화로서 전화언어를 들 수 있다. 전화는 일반적으로 간단하게 용건과 중요한 정보만을 교류하는 것이 상식으로 되어 있다. 그러나 오늘날 청소년들에게 있어서 전화는 단순한 의사표시나 정보교환 이외에 더 포괄적인 의미를 가지며, 그들 삶의 한 부분을 차지할 정도의 필수품이 되고 있는 것이 현실이다. 폰팅이 그 한 실질적인 사례가 된다.

　또 한 가지, 청소년 사이에 유행하는 언어문화로 은어가 있다. 은어는 본래 일정한 사회계층의 특수 언어를 일컫는 말로서, 특수한 집단 내에서 자기들의 이익과 비밀을 지키기 위하여 생성되어 사용되는 말인데, 중·고등학교 청소년과 특히 대학생들 사이에서 많이 사용되고 있다. 이는 청소년들의 세계를 반영하고 자기표현의 고유한 상징으로 이해된다.

(3) 음악문화

　청소년들이 음악을 듣는다는 것은 여가를 즐기는 한 가지 방법으로 볼 수 있다. 그들이 음악을 듣는다는 것은 혼자만의 괴로움과 외로움으로부터 탈피하여 음악과 대화하려고 한다는 의미와 밀접한 관계가 있다. 따라서 그들에게 있어서 음악은 대화를 보조해 주는 역할을 하며, 청소년들은 음악을

듣고 그들 상호간의 신뢰성 및 공감대와 공동체의식을 형성하게 된다. 때문에 청소년들이 우상시하는 음악과 가수 등은 성인세계에 동화될 수 없다.

성인음악과 청소년음악과의 차이점은 그들이 좋아하는 음악들간의 예술성이나 수준에서 어떠한 차이가 있는 것이 아니라, 음악을 듣고 창조하는 대상자들이 다르다는 것 뿐이다.

이런 점에서 볼 때 성인세대가 청소년들에게 성인문화나 성인음악의 세계로 동화되도록 강요할 수 없다는 것이다. 양문화, 즉 청소년 문화와 성인문화는 각 시대와 연령에 따라 고유하고 상이한 음악세계 및 음악문화를 형성해 왔기 때문에 각각 독립적으로 다루어져야 한다는 것이다.

(4) 의상문화

각 세대마다 독자적인 언어·음악·생각이 있는 것처럼 의상문화도 다르다고 할 수 있겠다. 획일적이고 개성이 없는 의상을 보면, 오늘날의 청소년들은 심한 거부감을 나타낸다. 그들은 현대사회의 실정에 맞으며 유행되고 있는 형태의 옷을 입으려고 하며, 성인들에 비해서 독자적인 독특한 의상을 입고 싶어하는 욕구가 강하다.

사실 부모나 기성세대들이 자기가 청소년기에 어떠한 의

상문화를 소유하였느냐와 관련지어 지금의 자녀들에게 그때의 의상문화를 적용하고, 자녀들이 자기와 같은 의상을 선호하기를 바라는 것이 갈등의 원인이다. 그러나 성인의 의상세계가 있는 것처럼 청소년들도 그들만의 의상문화가 있음을 인정하고 이해하려는 방향에서 청소년의 의상문화를 보아야 할 것이다.

(5) 춤 문화

청소년들의 생활에 있어서 춤 문화는 다음과 같은 기능을 한다.

첫째, 춤추는 곳을 찾는 또래집단들간에 인간관계 및 사회관계를 형성하도록 하는 기능을 한다. 청소년들은 동료간에 상호 관계를 맺으려는 욕구가 강한데, 인간관계 형성의 욕구를 충족시킬 만한 장소와 기회가 별로 없다. 그렇기 때문에 이런 장소에서 자연스럽고 부담감없이 친구들을 사귈 수 있다.

둘째, 춤 문화는 자기도취적 기능을 갖고 있다는 것이다. 즉, 청소년들은 자신들이 좋아하는 음악을 들으며 춤을 추는 가운데 거의 그 분위기에 도취되어 각자 가지고 있던 모든 감

정과 행동양식을 춤을 통해 표출하게 되고, 이런 다양한 유형의 개성이 담긴 동작들이 그것을 방문한 다른 청소년들에게 상호 영향을 미침으로써 모방을 통한 학습 및 새로운 문화 창조의 기능을 하게 된다.

셋째, 춤 문화는 개인 및 사회생활에서 쌓였던 스트레스를 해소하도록 한다는 것이다. 심층심리학자들에 의하면, 음악과 춤은 청소년들의 반항 및 공격심을 극복시키는 데 중요한 역할을 한다고 한다.

이와는 반대로 춤을 일과처럼 남용하는 청소년들에게는 춤은 적지 않은 역기능을 가져온다. 춤추는 장소 내부의 혼탁한 공기와 더러운 먼지로 인하여 호흡기 장애를 초래할 수 있고, 스피커를 통해 흘러나오는 높은 음악소리에 의한 소음은 심하면 치유 불능의 난청을 유발할 수도 있다. 또한 지나친 소음은 사람들의 긴장과 스트레스를 해소시키기보다는 오히려 식욕을 감퇴시키고 피곤을 가중시켜 결과적으로 신체적·정신적으로 불균형 상태를 초래하기도 한다. 그러나 춤 문화를 청소년 교육 및 선도적 측면에서 하나의 여가 유형으로 육성·장려한다면 청소년들의 학업을 비롯한 모든 생활에서 겪은 압박감과 문제들을 건전하게 해소·해결해

주는 좋은 매체가 될 수 있다.

(6) 컴퓨터 문화

컴퓨터는 현대사회 이기(利器) 중에서 가장 중요한 도구가 되었다. 가장 좋은 예로 현대사회의 가장 큰 특징인 정보화 시대는 컴퓨터의 발달로 가능하게 되었다. 컴퓨터는 매우 다양하게 활용될 수 있다. 그러나 여기에서는 청소년문화를 주도해 가는 하나의 도구로서 이해하고자 한다.

가장 대표적인 컴퓨터 문화는 컴퓨터 게임이다. 특히 청소년들은 컴퓨터 게임을 하면서 많은 여가시간을 보내고 있다. 컴퓨터 게임의 순기능(順機能)과 역기능(逆機能)성은 여러 가지로 논의되고 있다. 순기능은 컴퓨터 게임을 통해서 청소년들이 스트레스를 해소할 수 있는 기회를 가질수 있다는 것이다. 역기능도 있음을 간과할 수 없다. 신속한 판단과 행동을 요구하기 때문에 즉흥적이며 감각적인 사고와 행동을 하기 쉽다. 또한 게임이 잘못되었을 경우에 쉽게 다시 시작할 수 있는 형태를 취한다. 그런데 컴퓨터 게임의 이러한 현상을 현실생활과 착각하여 현실생활이 잘못되었을 경우에 쉽게 중단하고 쉽게 다시 시작할 수 있다는 '재시도증후군(reset syndrome)'을 가져올 수 있다. 또한 장시간의 컴퓨터 게

임으로 인하여 눈과 팔 등에 신체적 이상증세가 동반되기도 하며 컴퓨터 기계와의 대화로 인하여 인간관계에서의 고립현상도 가져올 수 있다.

컴퓨터를 통한 통신도 현대사회의 청소년들이 지닐 수 있는 독특한 청소년문화이다. 컴퓨터 게임과 마찬가지로 순기능과 역기능을 가지고 있다. 순기능은 필요한 정보의 신속한 발송 및 획득, 동호인(同好人) 모임에의 참여, 학습도구로의 활용 등을 들 수 있다. 역기능으로는 바람직하지 못한 정보의 교류로 말미암아 향락과 퇴폐 및 음란문화를 접할 수 있는 가능성이 있다는 점이다. 또한 반사회적이며 바람직하지 못한 종교집단 또는 동호인 모임에 참여함으로써 바람직하지 못한 인격을 형성할 수도 있다.

2) 청소년문화의 문제점

건전한 청소년문화가 육성되지 못하는 원인은 다음과 같다.

첫째는 청소년의 내적(內的)인 문제로서, 청소년들 자신의 가치와 신념체계에 의해서 건전한 청소년문화를 육성하지 못

하는 경우이다.

둘째, 청소년의 외적(外的)인 문제로서, 청소년이 생활하고 있는 가정, 학교, 사회 환경에 의해서 건전한 청소년문화를 육성하지 못하는 경우이다.

먼저 가정환경에서의 문제점을 살펴보면, 산업사회로 발전하면서 가족구조의 급격한 변화로 가족 구성원 수가 줄어들고, 각 구성원들이 뿔뿔이 헤어져 생활함으로써, 가정이 본래의 기능을 제대로 수행하지 못하고 있다. 이에 가정에서 공동체의식이 파괴되면서 공존의식을 상실하게 되었고, 이는 청소년들에게 각종 사회병리현상을 가져왔다.

특히 오늘날 부모들은 자녀의 잠재 능력 및 특성을 무시한 채 일류학교의 진학과 일등생이 되기만을 강조함으로써, 청소년들은 자율적이고 창의적인 생활을 체험해 보지 못하고, 늘 외부의 간섭과 억압에 의해 타율적이고 기계적으로 생활하고 있다.

청소년문화를 가장 자유롭고 활발하게 창조하고 육성해 나가야 할 시기가 학생시기이다. 학교는 한 인간으로서의 삶을 준비하는 장소로서 전인교육과 인간성 계발을 교육의 목적으로 내세우고 있지만 실제로는 우리가 잘 알고 있듯이 입

시 위주의 상급학교 진학에만 급급한 교육을 하고 있다는 것이다. 학교란 같은 연령과 세대가 모인 곳으로서 그들은 상호 공감하고 공유할 수 있는 독자적인 문화를 갖기를 갈망한다. 그러나 우리의 학교에서는 이를 허용하지 않는다.

우리 사회의 환경은 성인 중심의 퇴폐적·쾌락적·낭비적 문화가 팽배되어 청소년들이 건전한 문화생활을 할 수 있는 사회적 여건과 환경을 조성해 주지 못하고 있다. 물질만능주의·요령 및 편법주의 등의 바람직하지 못한 성인문화가 청소년들에게 사회 및 기성세대에 대한 불신감을 형성시켜 그들로 하여금 사회를 거부하고 기성세대에 반항하며, 사회에 적응하지 못하도록 하고 있다. 또한 이성적 판단 능력이 부족한 청소년들은 그들만의 건전하고 독창적인 문화를 형성하기도 전에 저질적인 대중·성인문화에 오염·흡수되고 있다. 이와 같은 모든 문제는 가정·학교·사회가 청소년들에게 독창적으로 문화를 창조할 수 있는 기회나 여건을 부여해 주지 않는 데에서 초래된 결과라 하겠다(권이종, 1992a).

5. 매스미디어에 대한 이해

매스미디어에 의해 형성되는 문화공간의 가장 커다란 성격은 획일성과 공통성이다. 현대의 매스미디어의 발달은 지리적, 문명적, 계층적, 연령적, 성격 경계의 범위에 따른 이질적 특수 문화를 어느 정도 동질적으로 변화시키고 있다. 즉, 현대사회에서 농촌과 도시의 문화가 유사하게 되어가고 있고, 여성과 남성의 문화의 차이를 찾아보기 어렵게 되었고, 청소년과 기성세대가 동세대의 연대를 형성하게 되는 등의 문화적 동질화 현상은 모두 그 기원을 어느 정도까지는 매스미디어의 발달에 두고 있다. 이와 같은 매스미디어의 문화적 동질화, 획일화의 기능은 문화계층의 차이를 없애 주고, 사회적 불평등의 격차를 어느 정도에 해소시켜 줄 수 있기 때문에 사회적 결속력의 증대 및 사회통합의 증진에 크게 기여할 수 있다. 그러나 개인적인 측면에서 볼 때, 그것은 사회 구성원의 주체적 자기결정을 어렵게 만든다. 즉, 매스미디어는 대중의 무의식적 세계를 조정하는 마술적 힘을 갖고 있기 때문에 그들의 정상적이고 합리적 사고를 저해할 수 있다.

매스미디어의 부정적 효과에 가장 직접적으로 그리고 가장 쉽게 영향을 받는 계층이 청소년 세대이다. 청소년은 아

직까지도 정상적인 자아개념이 성숙되어 있지 못한 세대이기 때문에 자신을 행동의 주체로써 인식할 수 없을 뿐만 아니라 객체로써 인식할 수도 없다. 즉, 모든 면에 있어서 주체적 자기결정이 어렵다.

매스미디어가 청소년에게 적용할 수 있는 순기능을 구체적으로 살펴보면, 매스미디어는 학교교육제도의 폐쇄성 혹은 경직성을 보완하는 데도 크게 도움을 주고 있다. 다시 말해서, 방송교육과 원격교육의 주요 매체로서 사회교육과 학교교육을 연결시켜 주는 데 크게 기여하고 있다. 즉, 교육 적령기에 학교교육 기회를 가지지 못한 대상자를 위한 역할과 기능이다. 오늘날 세계 각국은 중등교육의 보편화, 고등교육의 대중화 추세에 비추어 교육기회 확대에 주력하고 있다. 이러한 일련의 교육정책상의 변화는 중등교육의 기회를 제공받지 못한 청소년이나, 정규교육의 혜택을 받지 못하고 사회에 진출한 청소년이나, 성인 대중을 위한 계속교육의 필요성, 그리고 고도산업사회에서 지식·기술면의 고학력 요구 현상 등 정규교육제도로는 해결 불가능한 제도적 한계에 봉착하게 되었다. 이러한 문제점을 해결하기 위한 노력의 일환으로 대중매체의 보급 확대와 더불어 우리 사회의 인식이 고조되기 시작한 평생교육 이념에 부응하며, 마침내 대중매체

에 의한 평생교육제도가 출범한 것이다.

또한 매스미디어는 다양한 정보를 제공받을 수 있는 기회를 부여하기 때문에 개성 신장과 자아실현에 크게 기여할 수 있다. 이는 학교에서 행해지는 수업에서 뿐만 아니라 청소년문화에 필요한 다양한 정보를 제공하게 된다.

순기능과 함께 역기능을 구체적으로 살펴보면 다음과 같다.

① 영상매체에서 묘사되는 좋지 않은 장면은 직접적 모방행위를 유발하여 청소년범죄나 비행을 저지르게 한다.
② 텔레비전과 같은 매스미디어는 비행이나 범죄기술을 가르쳐 주는, 즉 범죄학교(school of delinquency)와 같은 역할을 한다. 이러한 미디어의 효과는 즉시적인 효과라기보다는 잠재적인 불량행위를 유도하게 된다.
③ 텔레비전의 폭력영상이 직접 행위를 유발하여, 어떤 특수한 상황에 처하여 범죄행위나 불량행동을 억제해 오던 도덕적 저항력이 약화되었을 때 내재적 비행욕구가 표면화·행동화될 우려가 있다.

매스미디어의 역기능은 흔히 전파매체를 중심으로 논의되는 예가 일반적이다. 그러나 신문 등과 같은 인쇄매체도 청소년의 일탈행위에 있어서 비록 직접적인 원인은 아닐지라도 간접적인 원인으로 작용될 수 있다고 지적되고 있다.

물론 최근에 와서 불량만화의 비교육적 영향력의 심각성과 불량서적 등 많은 인쇄매체가 역기능적 효과를 나타내고 있음이 지적되고 있다. 특히 불량만화와 잡지 등과 같은 미디어는 전파매체 못지 않게 범죄나 비행 등 갖가지 일탈행위를 유발할 수 있는 시각적 자극제가 될 수 있음은 최근 청소년 오락이나 기호 성향에서 충분히 예상할 수 있다.

5장

청소년의 사회적 발달과 진로

1. 청소년기의 사회적 발달[1)]

1) 가족관계

청소년기의 특징적인 사회적 발달 중의 하나는 부모나 가족으로부터 분리되어 친구나 자기 자신에게 의존하려는 경향이 높아진다는 점이다. 청소년기에는 신체적 성숙이 이루어짐에 따라 부모의 통제를 받지 않으려 하며, 부모의 지시를 논리적으로 비판하거나 반항하며, 친구관계에서 배운 가치관을 가족관계에 적용하려고 한다. 지금까지 청소년기의 발달에 관한 연구에서는 청소년의 독립과 자율성만을 강조해 왔으나, 최근 들어서는 청소년의 건강한 발달에 부모와의 안정적인 애착관계와 부모로부터의 지원이 필수적이라는 점을 강조하기 시작하였다(정옥분, 2004).

청소년들이 부모의 보호로부터 벗어나서 자기의 판단에 의해 독립적으로 행동하려는 성향을 심리적 이유라고 부른다. 대부분의 청소년기 가족에서는 부모들이 이러한 청소년들의 심리적 이유를 지지하고 격려해 줌으로써 커다란 갈등 없이 청소년기를 보낼 수 있게 된다. 하지만 청소년들은 부모에게 의존함과 동시에 부모로부터 독립해야 하는 상황에서

---

1) 권중돈. 2005. 『인간행동과 사회환경』. p.

끊임없이 갈등을 하게 되며, 부모 역시 자녀의 독립을 원하지만 동시에 계속해서 의존해 주기를 희망한다. 이러한 이중적 상황과 청소년 자녀와 중년기 부모의 급격한 발달상의 변화로 인하여 부모와 십대 자녀 간에 갈등관계를 형성하게 되는 경우가 많아진다. 이와 같이 청소년이 심리적 이유를 추구하는 과정에서 부모에게 반항하는 행동적 특성 때문에 청소년기를 제2의 반항기라고도 부른다.

2) 친구관계

청소년기에는 우정이 가족 간의 애정보다 더 중요한 시기가 되므로, 청소년들은 가족과의 대화보다는 친구를 만나거나 전화나 인터넷을 통해 친구와 연락하는데 더 많은 시간을 보내게 된다. 따라서 청소년들은 동년배집단과 강한 유대관계를 형성하고 자신의 집단 내 지위와 역할을 예측하고 평가하며, 필요한 사회적 기술을 학습하게 되고, 청소년기의 원만한 친구관계는 사회적 적응과 정신건강에도 많은 영향을 미친다. 그러나 청소년기의 친구관계는 긍정적 측면뿐만 아니라 부정적 측면도 동시에 지니고 있다. 즉, 청소년들은 친구관계를 통하여 술, 약물, 문제행동을 배우거나 직접 행동에

옮기기도 하며, 친구들로부터 거부되고 무시당함으로써 극도의 스트레스와 좌절감을 경험하여 정신건강이나 부적응적인 행동문제를 일으키기도 한다.

청소년기 동안에 우정의 의미와 질은 끊임없이 변화한다(정옥분, 2004). 청소년기 초기의 우정은 개인적인 특성보다는 태도나 행동, 관심분야의 유사성에 기반을 두며, 비교적 피상적이고 활동중심으로 동성의 친구가 대부분이다. 청소년 중기의 우정은 정서적으로 강렬한 관계 중심적 유형을 띠며, 신뢰할 수 있고 비밀을 터놓을 수 있는 친구를 찾게 되는데, 이렇기 때문에 우정에 금이 가게 되었을 때에는 정서적으로 매우 큰 상처를 입게 된다. 이 시기는 동성친구가 이성친구보다 더욱 중요성을 지닌다. 청소년기 후기의 우정은 상호성과 친밀감이 특징이고, 친구에 대해 아량이 넓어지고 자신과 친구가 서로 다르다는 점을 인식하게 되며, 성인들의 우정과 같이 정서적으로 친밀하고 안정된 관계가 된다.

3) 청소년기의 소속감[2]

Maslow에 의하면, 소속감은 개인이 일반적으로 타인과 호

---
[2] 왕영선. 2000. 『학교 청소년의 소속감과 부적응과의 관계』가톨릭대학교 사회복지 대학원 석사 학위논문 p. 15~16, 21

의적인 관계를 맺는데서 얻는 만족감을 말한다(윤승금, 1986, 재인용). 청소년들은 그가 속한 집단, 즉 교실 내에서의 위치에 대한 만족감을 얻고자 하는 기본적 욕구가 있다. 자신이 속한 집단 내에서 자신의 위치를 찾으려고 부단히 노력하는 것이 인간의 본성이기 때문에 그 위치를 찾지 못할 때에 인간은 고독감, 사회적 매장, 불친절 및 심리적 불안정으로 인해 심한 고통을 받게 된다. 청소년기는 또래 집단의 중요성이 증가하는 시기이다. 청소년기에는 발달초기에 비해 친구의 수가 더욱 많아지며, 청소년들이 보내는 시간의 반 이상을 친구들과 보내는 반면에, 가족들과 보내는 시간은 훨씬 적다(Csikszentmihalyi & Larson, 1984).

따라서 청소년들은 자신들과 많은 시간을 함께 하면서, 동시에 비슷한 경험을 공유해 가는 또래로부터 많은 영향을 받게 된다. 실제로 청소년들은 또래들과 더욱 친밀한 관계를 맺으면서, 점차 더 많은 사고와 감정을 공유하게 되며(Youniss & Smollar, 1985), 많은 정서적 지지와 함께 다양한 사회적 기술을 배우게 된다. 나아가 또래 관계를 통해 심리적 안정감을 얻을 뿐만 아니라 생활 속에서 경험하는 스트레스에 효과적으로 대처할 수 있는 힘을 얻는 등 긍정적인 경험을 하게 된다.

학교와 사회 속에서 날로 비행집단이 늘어나는 것도 타인

또는 타 집단이 의식할 수 있는 정도의 집단 소속감을 갖기 위함이라 하겠다. 이러한 비행집단이 성행하는 것은 구성원들이 그 집단을 통해 소속감에 대한 욕구를 만족시킬 수 있기 때문이다.

청소년기에는 그 이전의 발달시기에 비해 학교에서 친구의 수가 더욱 많아지며, 많은 시간을 함께 공유하면서 영향을 주고받는다. 청소년기는 또래집단의 중요성이 매우 증가하며 소속감의 충족 여부는 청소년의 삶에 있어 필요 불가결한 것이라고 할 수 있다. 따라서 청소년들은 또래집단으로부터 많은 정서적 지지를 받으며, 특히 소속감의 충족을 통해서는 심리적 안정감을 얻게 된다.

4) 청소년기의 또래집단 영향

한국청소년상담원에서 1999년 6월에 2,746명의 청소년을 대상으로 실시한 설문조사에서도 청소년들은 자신들의 또래관계의 중요성 인식도에 대해 65.4%가 매우 중요하다고 응답했으며, 26.4%가 다소 중요하다고 응답함으로써 청소년 대다수가 또래들과의 관계가 중요함을 인식하고 있는 것으로 나타났다. 또한 대인관계 영역에 대해서는 부모가 39.2%, 형제

5.1%, 학교선생님 2.5%, 동성 또래 38.7%, 이성또래 8.0%, 선배 1.6%, 기타 4.7%로 청소년들은 부모와의 관계 그다음으로 동성또래와의 관계를 중요하게 여기고 있는 것으로 나타나고 있다(한국청소년상담의 특징원, 1999). 여기서 동성 또래와 이성 또래와의 관계를 합친다면 또래관계는 46.7%로 청소년에게 있어 가장 중요한 대인관계 영역으로 자리 잡고 있다.[3]

청소년의 또래관계에 대한 한국청소년상담원(1999)의 실태조사 결과를 요약하면 다음과 같다.

▶ 또래관계가 매우 중요하다(91.8%)고 생각하며, 대체로 만족한다(70%) : 청소년은 또래관계를 긍정적적인 특성을 많이 지니고 있다고 지각하며 대부분 아주 소중 한 친구를 1명 이상 가지고 있는 것으로 나타났다.

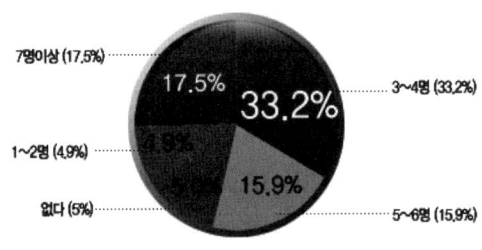

〈그림3 소중한 친구의 수〉

---

[3] 왕영선. 2000. 『학교 청소년의 소속감과 부적응과의 관계』가톨릭대학교 사회복지 대학원 석사 학위논문 p. 16

- ▶ 소중한 친구의 수 : 1-2명은 4.9%, 3-4명은 33.2%, 5-6명은 15.9%, 7명 이상은 17.5%로 나타났다. 따라서 61.7%의 학생들은 1-4명 정도의 친구를 사귀며, 5%는 전혀 친구를 사귀고 있지 못하고 있었다.
- ▶ 또래집단은 어느 학급에나 형성되어 있으며, 청소년의 또래 관계가 큰 영향을 미친다 : 면접조사결과 청소년들은 또래 집단이 편 가르기, 왕따 시키기, 교사의 학급통제 곤란, 집단 이기주의 등의 부정적 영향을 많이 끼친다고 긍정적 영향보다는 부정적 영향이 많다고 지각한다. 또래 집단의 장은 그 집단의 활동지침을 결정하고 구체적인 행동을 지시하는 등 큰 영향력을 행사하고 있었다. 청소년들은 또래 장의 긍정적 특성(다른 사람을 이해함, 리더십이 있음, 싸움 잘함, 공부 잘함, 외모가 뛰어남, 통솔력이 있음 등)을 부러워하고 자신도 그런 모습을 갖고 싶어 하였다.
- ▶ 또래관계 스트레스의 영향 : 또래관계 스트레스에 대해 어떤 현상이 일어나는지를 질문한 결과, '짜증이나 신경질이 난다'가 74.5%로 가장 많고, '공부에 집중하지 못 한다'가 48.9%, '기운이나 의욕이 떨어진다' 47.4%, '학교에 가기 싫다'가 42.0%, '잠을 잘 자지 못 한다' 21.4%, '죽고 싶은 마음이 든다' 21.0%, '입맛이 없고 소화가 잘 안 된다' 17.2%, '두통이나 생리통 등이 생긴다' 8.7%로 순이었다.

5) 부적절한 또래관계의 유형과 원인[4]

(1) 부적절한 또래관계의 유형

지배적이며 조종하는 유형	힘센 아이들 중 자신보다 약한 아이들을 조정하여 자신의 욕구를 충족하려는 유형의 청소년이다. 이들은 리더의 기질을 보이나 또래들을 배려하고 돌보는 진정한 리더십은 없다. 이들 중 공부를 잘하거나 모범생으로 평가받는 경우도 있다. 교사나 부모들은 이들이 자신의 또래들을 괴롭히는 주범이라는 사실을 알아차리기가 매우 어렵다.
공격적이고 가학적 유형	이들은 또래들과 일상적인 관계를 회피한다. 그러나 자신의 기분이 나쁠 때 또래에게 폭력을 휘두르거나 괴롭힌다. 무법자이지만 평소에는 또래들을 괴롭히는 일이 드물다. 어떤 경우에는 또래들을 어린 아이 취급하기도 한다. 하지만 그의 심기를 불편하게 하면 또래들은 피해를 당하게 된다.
기생적 유형	속칭 똘마니 유형이다. 독립적인 힘도 없으면서 힘센 아이 밑에서 그들의 힘을 믿고 또래들을 괴롭히는 아이들이다. 또래들 사이에서 갈등을 많이 만들고, 학교폭력을 주도하기도 한다. 자존감이 낮으며 강자에게는 약하고, 약자에게는 강자로 군림하는 비굴한 또래관계를 보인다.
고립적 의존유형	또래들에게 정서적으로 의존하는 아이들이다. 대체로 이들은 친구가 1~2명뿐이며 다른 또래들과 친밀한 관계를 맺지 못한다. 이들 중 1~2명의 또래에게 과도하게 의존하며, 그 관계가 위협받으면 심각한 부적응 현상을 보인다.
경쟁적 질투유형	누군가와 끊임없이 비교하며 그와의 경쟁에서 승리하려고 한다. 대인관계는 피상적이며 내적 갈등과 불안이 많다. 경쟁에서 지는 것을 못 참아하며 미워하는 또래들이 많고, 사소한 일에 적대감을 표출하기도 한다. 끊임없이 관심의 대상이 되고 싶어 하기 때문에 또래로부터 배척을 당하기 쉽다.
좌절에 따른 회피유형	또래 관계를 두려워하며 피해의식을 가지고 있다. 이들은 또래관계를 원하나 오랜 대인관계에서의 좌절로 인해 또래관계를 회피한다. 상습적인 폭력 피해자의 경우가 많다. 심한 경우 정신질환을 겪는 경우도 있다.
나 홀로 유형	이들은 또래관계를 맺으려 하지 않고 혼자만의 생활을 유지하려 한다. 이들은 늘 외롭고 우울하다. 흔히 또래들로부터 관계에서 분위기 파악이 느려 '형광등'이란 별칭이 붙는다. 또래들은 그를 답답하거나 재미없는 아이로 취급한다.

---
[4] 한국청소년상담원(http://www.kyci.or.kr/) - 청소년 문제별 이해

2) 부정적 또래관계의 원인(개인적 요인에 초점을 둠)

(1) 낮은 자존감과 성공 정체감이 부족하다. 자기에 대한 왜곡된 평가나 사회나 자신에 대한 근본적인 불신으로 인해 대인관계가 어렵게 된다.

(2) 공감능력, 자기개방능력의 부족 등 세련된 사회적 기술이 부족하다. 이들은 자 기개방에 대해 두려워하고, 자기개방의 속도를 적절히 조절하지 못하며, 또래 에 대한 비현실적 기대를 가지거나, 대인관계에서의 감정관리 능력이 부족하다.

(3) 지나친 이기적 경쟁심이 대인관계를 어렵게 만든다.

(4) 자신에 대한 부정적 신체이미지가 특히 청소년의 또래관계를 어렵게 한다. 자신이 자기를 보는 것처럼 남들도 볼 것이라는 청소년기의 독특한 사고특성으로인해 더욱 대인관계에서의 불안이 가중된다.

(5) 왜곡된 사회학습이 청소년들의 또래관계를 어렵게 한다. 매스컴에서 볼 수 있 는 과장되어 그려진 비행집단의 행동은 청소년들의 또래관계를 왜곡시키기도 한다.

6) 부적절한 대인관계로 인한 문제

(1) 학교부적응 - 집단따돌림

최근 심각해지고 있는 학교 내의 집단 따돌림에 대한 서울시 교육청의 발표에 따르면(한겨레신문, 2000. 3. 13자), 지난 99학년도 기간 중 시교육청 산하 12개 청소년상담센터에 학교생활에 적응하지 못해 상담을 요청한 사례가 전체 상담건수 5만 5천 563건의 39%를 차지하는 2만 1천 688건으로 가장 많은 비중을 차지했다고 한다.

상담을 요청한 사례들은 대부분 학교 내에서 원만한 교우관계를 맺지 못했거나 학교폭력에 시달리고 집단따돌림을 당한 경우였다. 이러한 수치는 1998년 1만 7천 803건에 비해 22%, 1997년 6천 945건에 비해서는 212%가 늘어난 것이다. 특히 이 기간 중 우울증이나 정신장애 등으로 정신과 전문의의 특별 상담까지 받은 900여명 가운데 절반 이상이 집단따돌림 등에서 비롯된 부적응 때문인 것으로 밝혀져, 교우관계가 학생들의 주요 고민거리고 나타났다.[5]

---

5) 왕영선. 2000. 『학교 청소년의 소속감과 부적응과의 관계』 가톨릭대학교 사회복지 대학원 석사 학위논문 p. 16~17

　구본용(1997)은 또래들과 원만한 대인관계 형성이 어려워 쉽게 따돌림의 대상이 되는 청소년들은 또래들과의 관계를 형성하는데 어려움을 지니고 있는 경우가 대부분이라고 하면서 이러한 청소년들의 특성을 초기 교우관계를 어렵게 하는 특성과 교우관계를 심화시키는데 어려움을 주는 특성으로 크게 구분 하였다. 초기 교유관계를 어렵게 하는 특성은 사회적 불안, 왜곡된 신체 이미지, 자신의 능력에 대한 자신감 부족이며 교우관계를 심화시키는데 어려움을 주는 특성은 부적절한 대인관계 기술 및 자기 개방 능력, 낮은 주장성이다. 이들은 자신이 타인들에게 어떻게 보이는가에 관해서 지나치게 민감해하고 걱정이 많으며 이러한 과도한 불안은 대인관계에서 대화에 집중을 어렵게 하거나 타인들이 자신을 나약하거나 이상한 사람으로 볼 것이라는 왜곡된 기대를 하게 된다. 사회적 불안의 근원은 타인에 대한 신뢰감을 형성하지 못한 결과이며 결국 자신의 행동관찰에만 집중하여 타인에게 충분한 주의를 기울이는 것을 거의 불가능하게 만든다. 또한 자신의 능력에 대해서 자신감이 부족하므로 대인관계에서 지나치게 자신을 낮게 평가하는 경향을 지니고 있어 흔히 다음에 자신이 무슨 말을 하여야 하는지를 전혀 모르거나, 자신은 다른

사람들을 싫증나게 하는 사람이거나 타인에게 나쁜 인상을 준다고 믿는 경향이 높다. 이들은 사고의 초점이 자신에게 과도하게 집중되어 있어 타인의 요구나 관심 및 감정 상태에 대해 공감하는 능력이 낮고 타인에게 부적절한 반응을 보이거나 지나친 기대를 하는 경향이 높은 부적절한 대인관계 기술을 가지고 있다. 대인관계를 발달시키는 과정에는 일반적으로 규범적인 사회화 과정이 요구되고 사회화 과정에는 적절한 수준에서의 자기 노출이 필요하다. 대인관계를 심화시키는데 어려움을 지닌 청소년들은 자기노출에 대한 사회의 규범적 기대를 어기거나 두려워하는 경향이 있으며 이는 타인에 대한 불신감, 자신에 대한 열등감 등이 원인이 될 수 있다.[6]

(2) 사이버 중독[7]

최근 들어 청소년들은 현실에서의 대인관계에서 만족을 못하다든지, 일상의 스트레스를 해소하기 위해 사이버 공간을 가장 많이 이용하고 있으며, 또한 사이버 공간에 과도하

---

6) 장지영, 2002 『집단따돌림 피해 학생 판별도구 개발』 이화여자대학교 대학원 학위 논문 p.12~13
7) 안정화. 2002 『대인관계문제유형과 부모-자녀간 의사소통이 중학생의 채팅 중독에 미치는 영향』 경성대학교 대학원 학위논문 p. 18, 33~34

게 몰입함으로써 중독 상태에 까지 이르는 경우가 자주 보고되고 있다(라민오, 2000; 조남근, 양돈규 2001). 요즘 청소년들의 대표적인 놀이공간이 되어버린 인터넷은 청소년들의 대인관계에 적지 않은 영향을 미치고 있는데, 이와 관련하여 몇몇 선행연구들은 사이버 공간이 개인의 대인관계에 영향을 미치고 있음을 보여주고 있다(김주노, 2000; 윤재희, 1999; 이옥렬, 2002; 조남근, 양돈규, 2001, 조용승, 1999).

최근에는 인터넷과 관련한 청소년들의 다양한 문제행동들이 새로운 사회문제로 등장하고 있으며, 특히 인터넷 중독 현상은 청소년들의 가치관, 의식구조 및 행동에 큰 영향을 미쳐 생활 전반에서 큰 변화와 문제를 야기하고 있다. 정경란(2002)의 연구에서는 청소년들이 아버지, 어머니와 개방적인 의사소통을 할수록 인터넷 중독에 빠질 가능성이 낮음을 밝혔고, 가족의 심리적 환경변인 중 부모 자녀 간 의사소통 및 가족의 불화정도가 청소년의 인터넷 중독을 이해하고 예방하는 보호요인으로서의 시사성이 있다고 판단하고 있다(『대인관계문제유형과 부모-자녀 간 의사소통이 중학생의 채팅 중독에 미치는 영향』, 안정화. 2002). 보도된 연구결과에 따르면 대인관계문제유형 중에서 지배성, 헌신성, 간섭성이 채팅 중독과 상관이 있었고, 이중에서 간섭성은 채팅 중독의 원인으

로서의 설명력이 있었다. 지배성, 헌신성 그리고 간섭성의 유형은 대인관계에서 타인을 지나치게 자신의 뜻대로 하려하고, 자신보다 타인을 먼저 배려하려하는데 지나치며, 지나치게 다른 사람을 참견하는 문제를 가진다. 결국 이 세 유형의 대인관계문제를 가진 중학생들은 다른 유형들보다 타인에게 인정받고 싶은 욕구가 강하다고 볼 수 있으며, 그것이 현실의 대인관계에서 제대로 충족되지 않음으로 인해 채팅을 통한 대인관계에 보다 몰입하는 것으로 예측된다.

2. 전공과 진로

청소년기는 인간의 발달단계에서 가장 격정적이고 불안정한 시기이며, 동시에 발달의 어느 단계보다 많은 가능성을 가지고 미래를 위한 수많은 결정을 해야 하는 중요한 시기로 학교생활과 동시에 대학진학과 취업 등 진로 문제에 대해 고민하게 되는 시기이다.

긴즈버그(Ginzberg)는 개인이 직업을 선택하는 세 가지 단계를 구분하였는데 환상기와 시험기, 현실기가 그것이다. 먼

저, 환상기는 주로 아동기의 직업관이 해당되는데, 개인적 소망을 근거로 직업 선택을 고려하는 시기로 자신의 능력이나 직업기회와 같은 현실적 문제를 전혀 생각하지 않는다. 두 번째로, 시험기는 청소년 초기의 직업선택으로 자신 스스로 현실적인 문제를 고려하기 시작하며 다양한 직업에 대해 심사숙고하고 직업 선택을 위해 진학문제를 심각하게 고려한다. 그러나 우리나라의 현실은 진학과 전공 선택이 적성보다는 학교 성적으로 결정되는 경우가 많아 직업선택의 과업이 오히려 지연된다. 마지막으로, 현실기는 청소년 후기에 해당되는 시기로 실제적인 경험이나 교육과 훈련을 통하여 특정한 직업을 선택하게 된다.[8] 여기에서 시험기와 현실기가 청소년기에 해당하므로 주목할 필요가 있다.

진로결정의 기로에 선 청소년기에는 심리적으로 스트레스를 느끼게 된다. 스트레스란 적응하기 어려운 상태에 처할 때 느끼는 심리적 또는 신체적인 긴장상태를 말하며, 현대사회에서 스트레스는 중요하고 심각한 문제로 대두되고 있다. 스트레스는 그 정도가 적응적일 때는 긍정적인 면으로 작용함으로써 처해진 상황과 목적에 대한 빠른 인식과 수행능력을 갖게 하지만, 그 정도에 적응적이지 못할 때에는 지나친

---

8) 최옥채, 박미은, 서미경, 전석균. 2007. 「인간행동과 사회환경」양서원. P.231-232

압박감으로 인해 심리적 손상을 가져와 갈등과 좌절을 경험하게 함으로써 정신·신체적 질병을 유발하기도 한다. 이에 따라 청소년 전기와 후기에 진로결정과 관련하여 야기되는 정신적 문제를 살펴보고자 한다.

1) 청소년 전기에 야기되는 정신문제 – 입시스트레스

청소년 전기는 13세부터 18세까지의 시기로서 일반적으로 중·고등학교에 다니는 시기가 이에 해당된다. 이 시기에 진로결정과 관련해 가장 큰 문제가 되는 것은 입시스트레스라고 볼 수 있다. 우리나라에는 다른 나라에 존재하지 않는 중3병, 고3병이라는 것이 존재하며, 이러한 우리나라의 현행 입시제도는 청소년기의 많은 정신적 스트레스를 유발한다. 고3 수험생들의 절반 이상이 입시에 대한 스트레스로 불안, 소화불량, 두통, 불면증 등을 경험한다. 뿐만 아니라 성적에 대한 스트레스는 청소년의 자존감을 저하시키며 자신감을 잃게 한다.

청소년기는 이후의 생의 방향을 결정하는 중요한 시기이지만 우리나라의 경우 구체적인 진로설정이 이루어지지 않고 인문계 고등학교를 가기 위해, 고등학교 진학 후에는 대학을 가기 위한 방향으로만 진로교육이 행해지고 있다.

    특히 인문계 고등학교의 학생 거의 모두가 대학 진학을 희망하는 관계로 진로교육의 방향이 진학지도에 치중되고 있으며, 진로지도 및 상담은 제한적으로 실시되고 있다. 진학에 실패하더라도 이들의 대부분은 재수를 하고 있으며 현실적으로 대학에 진학하지 않는 졸업생들의 취업에는 신경을 제대로 못쓰고 있다. 직업에 대한 학생들의 인식이나 의식이 낮고 진로상담실의 기능도 활성화되어있지 못하여 상담을 희망하는 학생 수가 많지 않으며, 상담하더라도 문제 학생에 대한 상담의 비중이 큰 것으로 여겨진다. 또한, 상담을 담당하는 교사의 경우 학교수업과 상담을 동시에 수행하기 때문에 시간과 노하우가 부족한 편이며, 심층적인 상담기능을 수행할 수 있을만한 장소도 부족한 경우가 많다. 상담관련 자료도 심리상담 등 교육목적의 상담 자료는 많으나 직업관련 상담 자료는 상대적으로 부족한 상황이며, 그나마 있는 자료도 제대로 활용하고 있지 못한 것으로 판단된다. 또한, 진로에 관련된 자료의 구입예산이 적은 문제점이 있다.[9]

    또한 대학 진학을 희망하는 학생들의 경우도 자신의 적성과 흥미를 살려 전공을 선택하는 경우가 드물고, 대학만 들어가면 된다는 식으로 성적에 맞추어 그에 맞는 학과 전공을 찾

---

9) 금재호. 2004. "청년실업을 위한 진로정보의 운영 및 개선" 한국노동연구원. P.94

아 대학에 진학하여 전공에 흥미를 느끼지 못하고 학교에 적응하지 못하는 경우가 대다수 생겨나기도 한다.

전국교직원노동조합 참교육연구소가 지난 2006년 5~6월 전국 고교생 3천166명을 조사한 결과 응답자의 20.2%가 성적이나 입시 스트레스로 인해 자살충동을 느낀 적이 있으며 5%는 실제 자살을 기도한 경험이 있다고 응답했다. 고교생 5명 중 1명은 성적이나 입시 스트레스 때문에 자살 충동을 느끼는 것으로 나타났으며, 또 응답자의 45.6%는 성적이나 입시 스트레스 때문에 '학교를 그만두고 싶다'는 생각을 했고 22.4%가 가출 충동, 11.3%는 술을 마셨던 것으로 조사됐다. 특히 응답자 중 서울 강남지역 학생의 경우 23.9%가 자살 충동을, 26.8%는 가출충동을 느꼈다고 답해 중소도시나 비 강남 지역 학생들보다 높은 비율을 차지했다.[10]

2) 청소년 후기에 야기되는 정신문제 – 취업스트레스

Freud는 건강한 성인의 척도를 일과 사랑으로 보았다. 이처럼 청소년 후기에 달성해야 할 중대한 과업 중 하나가 직업선택이다. 그러나 청소년 후기를 22~23세로 보았을 때 일부

---
10) mbn TV 기사발췌. 2006-09-29. 〈고교생 20% "입시스트레스로 자살충동"〉

청소년들은 대학생의 위치에 있기 때문에 아직 직업을 갖지 못할 수도 있다. 그러나 비록 현재 직업을 갖고 있지는 않은 상태라도 자신이 원하는 직업과 관련한 전공을 선택해야 하는 과업이 있다.

직업이나 전공 선택을 위해서는 그에 대한 정보도 중요하지만 무엇보다도 자신에 대한 올바른 이해가 우선되어야 한다. 자신의 성격, 적성, 능력에 대한 이해를 바탕으로 직업을 선택해야 하고 이런 이해가 있어야만 그 직업을 얻기 위한 노력을 기울임과 동시에 좀 더 많은 희생과 고통을 감내하게 된다. 그러나 자신에 대한 분명한 이해는 무엇보다 자아정체감이 형성되어야 가능하다. 특히, 직업 선택은 개인이 은퇴할 때까지, 그리고 은퇴 이후에도 그 개인을 특징짓는 사회적 정체감 혹은 사회적 역할을 대표하므로 인생에서 매우 중요한 과업이라 할 수 있다. 직업선택은 단순히 생계수단을 결정하는 것이 아니라 개인이 자신에 대한 개념을 규정하는 과정이며 직업에 의해 타인이 그 사람을 확인하고 판단하기 때문에 이를 직업-정체성이라고도 한다(김정남. 2000 :45). 결국 직업은 개인의 사회적 역할을 대표하고 개인의 정체감을 표현한다고 볼 수 있다.[11]

---

11) 최옥채, 박미은, 서미경, 전석균. 2007. 『인간행동과 사회환경』양서원. P.231

　하지만 최근에는 중3병, 고3병에 이어 대4병이라는 신조어가 생겨날 만큼 대학생들이 진로결정에 어려움을 겪고 있으며, 그에 따른 스트레스로 시달리고 있다. 대부분의 대학들이 취업지원팀 또는 센터를 운영하고 있지만, 일부 대학을 제외하고는 대부분의 경우 전담인력의 전문성이 취약하여 도움이 미비하다.

　중앙일보가 취업포털 파인드잡과 함께 구직자 1721명을 대상으로 구직병 조사를 벌인 결과 구직자 열 명 중 여덟 명(81.1%)이 "취업스트레스로 정신, 육체적 질병을 앓은 적이 있다"고 답했다. 전체 응답자 중 절반 이상이 우울증(56%)과 불면증(54%)을 경험했다. 취업스트레스 때문에 병원 치료를 받았다는 구직자도 전체 응답자의 24%에 달했다.[12] 또 다른 조사에서도 구직자의 71%가 취업스트레스에 시달린다고 답했으며, 취업스트레스로 인해 나타나는 증상으로 심리적 불안감, 신체적 피로, 불면증, 두통, 소화불량 등을 꼽았다.

3) 대책 – 진로지도

---

12) 중앙일보 기사발췌. 2007-02-13. 〈명절이면 깊어지는 '취업스트레스' 부딪쳐서 벗어나기〉

1) 개념

진로지도란 학생 개개인이 자신의 인생활동의 한 방향으로서의 직업 및 그를 위한 준비로서의 적절한 교육기관을 선택하고, 그곳을 통해 사회적 자기실현을 수행해 나갈 수 있도록 원조·지도하는 일을 말한다.

2) 진로지도의 중요성

오늘날 청소년들에게는 기성세대가 추구하는 부와 명예보다 자신의 능력과 적성에 맞는 일을 찾아 최선을 다해 살아가는 것이 바람직한 삶의 자세라는 인식이 확산되고 있다. 직업에 대한 청소년들의 의식도 하루가 다르게 빠르게 변한다. 이로 인해 청소년 진로교육이 그 어느 때보다 중요해지고 있다.

(1) 진로지도는 왜 필요하고 언제가 적당한가

진로교육이란 의도적, 체계적 교육을 통해 학생들이 행복한 개인으로서, 그리고 생산적인 사회 성원으로서 성장하도록 도와주는 활동이다. 김애련 박사는 "일과 직업의 세계는 점점 복잡하고도 전문화·세분화돼 가고 있다"며 "이에 대한 구체적이고 객관적인 이해의 기회를 제공하기 위해 진로지도가 필요하다"고 강조했다.

청소년의 진로탐색 시기는 빠르면 빠를수록 좋다. 주로 학교에 재학 중인 청소년들은 자신의 진학 방향과 진로를 함께 생각하는 경우가 대부분이다. 그러므로 아직 진로에 대해 관심이 많은 청소년 시기에 직업지도를 강화하는 것은 중요한 의미를 지닌다. 일반적으로 초등학교 5학년 이상이면 진로지도가 시작된다.

(2) 진로지도는 어떻게 이뤄지나

중·고등학교에선 진로체험(탐색)의 날이 의무적으로

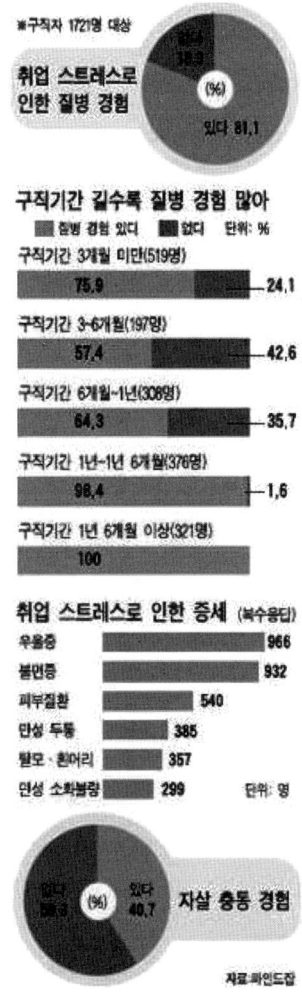

시행된다. 개개인의 개성에 맞는 진로, 자신이 잘 할 수 있는 직업의 분야를 찾을 수 있도록 하기 위해 진로체험 행사도 학교별로 열린다. 적성검사, 진로 안내에 대한 비디오 시청, 진로 특강, 졸업생 초청 우수사례 발표 등과 함께 부모직장 방문, 자신이 관심 있는 직업의 현장 체험학습이 실시된다.

(3) 진로지도는 어디서 받을 수 있나

국가청소년위원회 산하 한국청소년상담원은 전국 143곳의 청소년상담센터에서 적성검사 등을 무료로 실시한다. 공부·진로 상담도 하고 있다.

한국고용정보원은 고용지원센터, 청소년 워크넷, KNOW를 운영하고 있다. 고용지원센터는 44개 종합센터와 37개 일반 센터로 구성돼 있으며 전국망 일자리 네트워크의 오프라인 서비스를 제공한다. 청소년 워크넷은 직업흥미검사, 적성검사, 직업가치관검사 등을 온라인상에서 무료로 실시한다. 청소년 자신이 효율적인 진로·직업설계를 할 수 있도록 과학적 측정을 통해 적합한 직업을 탐색해 준다. 직업정보시스템인 KNOW는 학과와 직업에 대한 상세정보를 제공해 청소년들의 적성과 흥미 그리고 능력에 맞게 진로계획을 세울 수 있도록 도와준다.

서울시교육청 산하 진학진로정보센터는 온라인상으로 진로정보 제공과 진로심리검사를 무료로 실시한다. 방문상담도 받을 수 있다. 한국직업능력개발원의 커리어넷은 직업적성, 흥미, 진로성숙도, 가치관, 진로개발준비도 등의 검사 및 상담과 함께 진로정보를 제공한다.

– '자녀의 진로지도는 20년을 내다보고 하라'의 저자 김애련(이화여대 평생교육원 실장) 윤덕균(한양대 공학대학원장) 박사를 비롯한 전문가들의 도움말.[13]

3) 일 세계의 변화와 진로지도

급속한 기술적 변화와 노동양식의 변화에 따른 조직과 직업에서의 구조변화는 일의 세계에 새로운 형태를 부여하고 있다(Reich,1991). 즉, 대부분의 사람들이 이젠 더 이상 예전과 같은 조건에서의 작업환경과 지위예측을 기대할 수 없게 되었고, 더욱이 이러한 예견된 변화는 미래에도 계속될 전망이다. '평생직업'의 개념은 사라지게 되었고, 그 결과 사람들은 그들 자신의 생애에 걸쳐 자기개발에 더 많은 책임을 떠맡게 되었다(Watts,1966). 이와 같은 노동시장의 변화로 창조성, 전

---

13) 쿠키뉴스 기사발췌. 2007-09-11. 〈우리 아이 진로교육 빠를수록 꿈에 더 가까이〉

문성과 아울러 폭넓은 교양을 함께 갖추고 밝고 긍정적인 심성을 지닌 사람이 요구되는 것이다. 따라서 진로지도나 교육은 과거의 대학진학이나 직업선택능력과 같은 진로 지향적 지식과 기능을 준비시키는 것에서 벗어나 보다 광범위한 지향점에 초점을 두어야 한다. 그리고 성취감, 책임감, 소속감, 사회적 기량, 희망 등의 진로발달과제를 포함할 때 지식기반 사회에 대응하는 인재를 길러내는 소기의 성과를 달성할 수 있을 것이다.

4) 새로운 방식의 진로지도

노동시장의 변화에 맞추고 진로발달의 이해측면에서의 변화에 대응하기 위해서는 새로운 접근방식과 전략을 필요로 한다(Brown). 첫째, 진로인식은 어떤 특정 시기의 활동이 아니라 생애 전반에 걸쳐 계속되어져야만 하는 활동이다. 연속적인 고용가능성과 능력 등을 촉진시킬 수 있는 기능들(융통성, 창의성, 대인 및 의사소통기술, 지속적인 학습능력, 일·시간·돈 관리 능력 등)을 학습하기 위한 새로운 방법들을 끊임없이 찾아야만 한다. 둘째, 새로운 진로탐색 방법은 현장학습 성격의 인턴십, 도제제도 그리고 특정 직업영역에서의 근로경험 등과 같은 포괄적인 학교-직업세계로의 이행 프로그

램 등을 포함해야 한다. 셋째, 일의 세계화와 새로운 기술 그리고 서비스영역 직업 수의 증가는 일의 수행범위를 확장시키고 있기 때문에 진로계획을 통한 개인과 기술의 연결을 필요로 한다. 또한 청소년들의 진로탐색과정은 자신과 그를 둘러싼 환경을 탐색하기 위해 어떻게 동기화된 노력을 개발하고 내면화하는가를 고려한 방법이어야만 한다. 진로탐색과정에는 자기이해와 자신과 관계된 환경에 대한 이해를 높일 수 있는 활동들은 물론, 개인의 탐색을 동기화시키고 유지시키는 개인의 동기를 참조할 수 있는 태도관련 요소 및 탐색활동을 경험하면서 개발되는 탐색기술도 포함되어야 한다. 청소년은 진로지도 및 상담가, 지역사회 인사 및 기관과의 파트너십을 통해 새로운 기능과 진로개발능력을 터득할 수 있다.

 이러한 필요성에 기초한 통합적 청소년 진로지도는 청소년들의 개인적·사회적·직업적·학문적 성장을 촉진시키는 접근방식으로, 주요 목적은 청소년들이 보다 효과적이고 효율적으로 진로를 탐색하고 준비하고 경험하는 것을 도와 진로선택 및 의사결정을 촉진시킬 수 있도록 도와주는 것이다. 통합적 진로지도는 청소년의 긍정적 발달을 도와 성공적인 성인기로의 이행을 위한 준비된 청소년기를 추구하고 급변하는 일의 세계에 유연하고 융통성 있게 대처할 수 있는 인

지적·정의적 기본기술의 학습을 비롯한 다양한 기회와 지원을 가장 효과적이고 효율적으로 제공할 수 있도록 구성되어야 한다.

5) 통합적 청소년 진로지도의 접근이 전제하는 기본 요소와 실천 내용들

(1) 통합적 진로지도는 청소년 중심으로 이루어진다.

(2) 통합적 진로지도는 모든 청소년을 대상으로 한다.

(3) 통합적 진로지도는 시대의 주류(mainstream)에 맞추어 나간다.

(4) 통합적 진로지도는 다면적(multi-faceted)이다.

(5) 통합적 진로지도는 청소년들을 적극적으로 개입시킨다.

(6) 통합적 진로지도는 긍정적인 태도와 습관을 개발한다.

(7) 통합적 진로지도는 학교를 넘어 가정과 지역사회·사회까지 포함한다.

(8) 통합적 진로지도는 조직적이고 체계적이다.

(9) 통합적 진로지도는 관련기관 및 관련요소간의 연계를 강화한다.

(10) 통합적 진로지도는 적절하고 접근 가능한 정보를 이용한다.

(11) 통합적 진로지도는 연속성과 융통성을 갖는다.

6) 통합적 청소년 진로지도의 궁극적 목표

자아정체성 측면	능력 측면
■ 안전감 ■ 높은 자기가치와 자기존중감 ■ 숙달 및 성취감 ■ 소속감과 구성원 의식 ■ 책임감과 자율성 수용 ■ 자아인식	■ 정신적·신체적 건강 ■ 지적인 능력 ■ 시민적·사회적 참여 ■ 고용가능성 - 직업적 기초능력과 태도, 가치

7) 통합적 청소년 진로지도의 전략 – 지원과 기회의 강조

(1) 적극적이고 자기주도적인 진로발달관련 체험과 학습기회: 진로지도의 학습과 체험은 형식적이든 비형식적이든 간에 청소년으로 하여금 적극적으로 참여할 수 있는 기회를 제공해 줄 때 청소년의 진로발달에 긍정적으로 기여한다.

(2) 새로운 역할과 책임 수행의 기회: 적극적이고 체험적인 진로지도는 청소년이 그들의 생활과 관련된 기회로 인식할 때 가장 효과적으로 청소년의 진로발달 을 촉진한다.

(3) 성인과 또래의 정서적 지지: 청소년 진로발달과 관련하여 정서적 지지의 가장강력한 잠재적 자원은 가족구성원이

지만, 청소년은 지속적으로 수용, 긍정 및 관심을 보여주는 다른 성인들의 지지로부터도 강력한 정서적 혜택을 받는다.

(4) 성인들의 동기를 불러일으키는 지지: 청소년들은 성인들이 그들에게 높은 수준의 규칙준수를 기대할 때, 그리고 높은 기대를 성취할 수 있도록 안내하고 지도할 때 보다 효과적으로 진로발달과제를 성취할 수 있다.

(5) 전략적 지지와 사회적 연계망에의 접근 기회: 청소년들은 가족과 함께 혹은 그들 스스로 사회적 연계망에 속해 있을 때 보다 성취적이며, 위기에 처해있는 청소년일수록 확장된 연계망과 지지는 정보와 자원 제공에서 효과를 가져 올 수 있다.

(6) 지역사회 파트너십: 통합적 진로지도는 학교 안팎의 맥락 학습을 통해 그리고 학교와 청소년들을 주변 지역사회로부터 더 이상 고립시키지 않음으로써 청소년들을 적극적으로 참여시키고 동기를 불어 넣어줄 수 있는 효과적 진로발달이 가능하도록 한다. [14]

---

14) 이광호, 맹영임. "청소년 발달과 진로지도의 통합적 접근을 위한 탐색적 시도" 한국청소년개발원. P.226-233

6장
한국형에니어그램 진로 및 학습유형검사 상담가이드

진로 및 학습유형검사 프로파일지와 함께 지도하시면
좀 더 유의미한 지도가 가능합니다.

I. 에니어그램 개관

에니어그램(Enneagram)은 인간 존재의 9가지 길을 보여주는 고대로부터 내려오는 인간관계의 모델이다. 에니어그램의 어원은 그리스어로 'ennea'는 '9'을 의미하며, 'gram'은 그래프 혹은 모형, 선, 점을 뜻하는 단어의 합성어이다. 즉, 에니어그램은 그리스어로 '아홉 개의 점이 있는 그림'을 의미한다(윤운성, 2001c; Riso & Hudson, 1999).

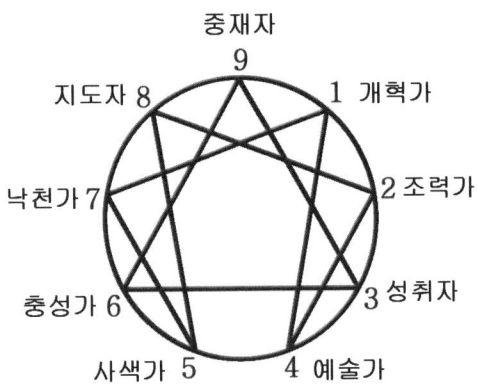

Fig. 1. 에니어그램 도형

에니어그램은 원안에 9개의 점이 있고 각각의 유형이 시계방향으로 나열된 그림을 사용하는 성격유형체계이다.

　성격유형으로서 에니어그램은 원안에 9개의 점이 있고 각각의 유형이 시계방향으로 나열된 그림을 사용하는 9가지 성격 유형 체계로, 9 유형 각각은 9개의 강박, 혹은 열정이라는 무의식적 동기를 바탕으로 형성되며, 각각의 열정은 1번 분노, 2번 자만심, 3번 속임수, 4번 시기심, 5번 탐욕, 6번 두려움, 7번 탐닉, 8번 욕망, 9번 게으름이다. 이러한 9가지 유형의 특성은 사고와 감정과 행동의 세 지성의 구성하는 방식에 의해 생겨나며 세 지성이 연관되어 있는 방식이 각 유형의 특성을 만들어 낸다(윤운성, 2001c; Riso & Hudson, 1999).

　9가지 유형들은 각각의 기본적인 두려움과 욕망 미덕과 악덕으로 설명할 수 있으며 우리가 에니어그램을 연구하는 목적은 자신의 두려움을 알아내고, 자신이 만든 욕망의 집착에서 벗어나서 본질적인 자신의 모습을 찾아가는 것이다(윤운성, 2001c). 각 유형이 가진 미덕의 모습은 침착, 겸손, 정직, 평안, 무애착, 용기, 절제, 적절한 힘, 행동으로 옮기기이다.

　날개(wings)라는 개념은 자신의 성격유형 외에 자신의 느낌, 행동에 영향을 미치는 것으로 주된 성격유형의 양옆의 유형을 일컫는 말로서 환경의 영향에 의해 생성되며 기본유형의 다양성을 부여한다(윤운성, 2001b).

 에니어그램은 동적인 성격유형론으로서 에니어그램의 숫자들은 각각의 성격에 통합(건강, 자기 확신)과 분열의 방향(병적인, 신경증)의 순서로 연결되어 있다. 건강해지거나 약해짐에 따라 기본 유형에서 통합 또는 분열의 방향으로 진행하게 된다. 각 유형에서 분열의 방향은 1→4→2→8→5→7→1, 9→6→3→9의 순서로 표시되며 통합의 방향은 역순인 1→7→5→8→2→4→1, 9→3→6→9 이다(윤운성, 2001c; Riso & Hudson, 1999).

II. 힘의 중심

 에니어그램을 크게 3가지 힘의 중심으로 대별할 때 가슴(감정) 중심(2,3,4번), 머리(사고) 중심(5,6,7번), 장(본능) 중심(8,9,1번)으로 구분한다(윤운성, 2001c).

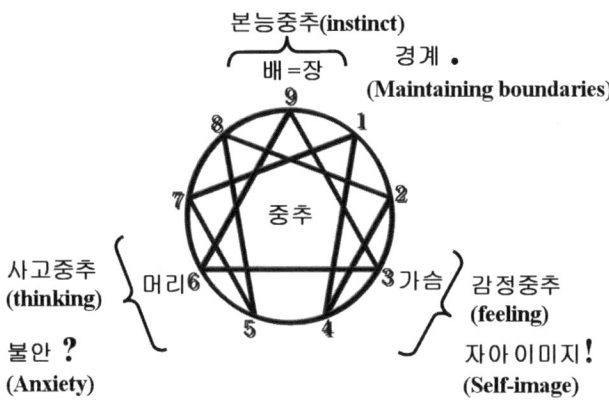

Fig. 2. 힘의 중심(윤운성, 2001c)

9가지 성격유형은 에너지의 근원에 따라 가슴(감정) 중심(2,3,4번), 머리(사고) 중심(5,6,7번), 장(본능) 중심(8,9,1번)으로 구분한다.

1. 본능중심

본능(장)에 에너지의 중심을 두고 살아가는 이들은 에너지의 중심을 행동에 두고 있으며, 자신의 존재감을 세상에 대항하면서 얻는다. 즉, 이들은 나의 생존에 대한 욕망을 자신을 보호하기 위해 끊임없이 타인과 나를 구분하며 지키려하는 **'경계의 유지, Maintaining boundaries'**를 위해 삶을 투쟁하며 살아간다. 따라서 이들의 주된 감정은 자신의 경계의 유지를 위해 자신의 번민과 공포를 자기주장이나 외모에 숨기는 '**분노**'를 가지고 살며, 자신의 경계를 유지하기 위해 공격적인 사람들이라 할 수 있다.

이들이 자신의 생존과 관련해서 관심을 갖는 것은 자신의 존재, 힘과 정의-무엇이 옳고 그른가? 나의 힘으로 이것을 해결할 수 있는가?에 대한 문제로 고민하게 된다. 따라서 현실 세계에서의 생존에 대한 관심으로 인해 이들에게 중요한 것은 현재의 나의 모습과 위치, 그리고 하고 있는 일이다. 지금 시점에서 무슨 일이 나에게 우선이 되는가에 대한 문제가 중요한 현재 중심적 사람들이다. 또한 자신의 존재를 위해 주어진 문제나 환경에 저항하고 통제하려는 습성을 가지고 있기 때문에 모든 사람과 인간사이의 관계를 자신의 의지대로 하려는 경향이 있으며, 심지어는 시간마저도 자신의 뜻대로 하려 한다.

자기 자신과 현재가 중요한 이들은 상황파악에 있어서 진행 중인 일을 신속, 정확하게 파악하고 현실을 조정하며, 자신과 자신의 일에 대한 타인의 통제에 본능적으로 반응하며

대처하게 된다. 그리고 이들의 의사결정은 상황에 적응하거나 타인감정 등을 고려하지 않고 당연과 의무에 의해 의사결정을 하는 경향이 있다(윤운성, 2001c; Riso & Hudson, 1999).

2. 감정중심

감정(가슴)에 에너지의 중심을 두고 살아가는 이들은 에너지의 중심을 감정, 가슴에 두고 있으며, 자신의 존재감을 세상과의 관계하는 이미지에서 얻는다. 즉, 이들은 삶을 느낌을 통해 파악하고 타인과의 관계를 생각하면서 살아가는 사람이며, 삶의 모습 속에서 자신이 스스로에게 또는 타인에게 어떻게 보일 것인가에 대한 **'자아이미지, Self image'**에 대해 항상 고민하며 자기 자신을 찾기 위해 살아간다. 따라서 이들의 주된 감정은 자신의 이미지가 타인에게 어떻게 비추어질까 대한 의식을 하면서 친절과 적극성의 외모 뒤에 자신의 공격성을 숨기는 **'수치심'**을 가지고 살며, 자신의 이미지를 유지하기 위해 타인과의 관계를 생각하는 사회적인 사람들이라 할 수 있다.

자신의 이미지와 관련해서 관심을 갖는 것은 자신의 권위

와 이미지, 자신의 하는 행위와 삶의 상징과 타인에 대한 의식에 끌리며 타인과의 관계에서 1:1의 관계의 집착과 의존을 하게 된다. 자신의 이미지에 대한 의식으로 결국은 자신이 만들어낸 거짓된 자신의 모습, 즉 거짓자아를 만들어 마치 그것이 자기인 것처럼 가면을 쓰고 살아간다. 이들은 자신이 경험한 일이 자신에게 어떤 의미가 있는지를 중요시 여기며 의미를 찾으며 살아가는 과거중심적인 사람들로서 이들에게는 시간의 개념은 곧 자신의 감정, 인간관계의 상태에 따라 다른 의미로 다가온다.

자기의 자아이미지와 과거가 중요한 이들은 상황파악에 있어서 우선 타인과의 관계를 생각하며, 상황의 중심에 인간을 넣게 된다. 감정적으로 풍부한 이들은 상황을 머리보다는 타인과의 관계와 접촉에 의해 마음으로 직관으로 파악하고 빠르게 대처하지만 원칙보다는 감정적인 대응을 통한 의사결정을 하는 경향이 있다(윤운성, 2001c; Riso & Hudson, 1999).

3. 머리중심

　머리(사고)에 에너지의 중심을 두고 살아가는 이들은, 에너지의 중심을 사고, 머리에 두고 있으며 자신의 존재감을 세상과 거리감을 두는 것으로 얻는다. 즉, 이들은 세상은 살아가기에는 어떤 일이 일어날지 모른다는 것을 항상 생각하면서 살아가게 된다. 따라서 이들의 머릿속에는 항상 세상에 대한 '**걱정, Anxiety**'를 가지고 살아가며 불안으로부터 벗어나기 위해 생각하며 살아가게 된다. 이들의 감정은 세상을 살아가는 것을 위험하다 느끼고 있기에 '**두려움**'을 기본정서로 가지고 살아가며, 자신 마음속의 불안을 피하기 위해 그들이 가지고 있는 마음을 객관적이고 무관심해 보이는 외모 속에 숨기며 타인과의 감성적 교감을 느끼지 못하는 것처럼 살아가는 자기 보존적인 사람들이라 할 수 있다.

　삶 자체에 대한 두려움을 가지고 살아가는 이들은 삶은 항상 무슨 일이 일어날지 모르는 신비로 가득 쌓인 미스테리라 생각한다. 따라서 자신에게 일어난 일과 일어날 일에 대해 전반적인 상황파악을 통해 바라보게 되며, 항상 본인이 결정한 일에 뭔가 틀릴까? 잘못될까? 걱정하며 살아가게 된다. 결국 이들은 삶을 살아가면서 실수를 최소화하며 살아가기 위해

자신의 머릿속으로 생각해낸 전략과 신념에 따라 살아가며, 무슨 일이 일어날지 모르는 미래에 대해 생각하고 준비하는 미래 중심적인 사람들이다.

항상 자신의 머릿속의 사고의 체계에 따라 움직이는 머리 중심의 사람들은 상황파악에 있어서 관찰, 대조, 분석, 비교의 사고 과정을 통해 상황을 파악하게 되며, 행동하기 앞서 생각부터 하는 이들의 모습은 가끔씩 느려 보이기도 하며 현실적으로 보이지 못하기도 한다. 또한 이들은 자신의 발달한 내면세계와 자신이 불안하다고 느끼는 외부세계를 일치시키기 위해 노력하지만 생각 속에 살다보면 객관적인 판단보다는 주관적인 내적판단으로 일과 사람에게 접근하며, 자신의 판단과 사고체계에 따라 행동하려는 경향을 가짐으로써 타인과의 관계가 소원해지기도 하고, 자신만의 생각의 세계에 고립되기도 한다(윤운성, 2001c; Riso & Hudson, 1999).

III. 에니어그램의 9가지 유형

성격유형으로서 에니어그램은 원안에 9개의 점이 있고 각각의 유형이 시계방향으로 나열된 그림을 사용하는 9가지 성격 유형 체계로 9가지 점의 각각의 숫자는 하나의 유형을 나타낸다.

에니어그램의 성격 유형의 특징은 '기본 성격은 변화하지 않으며 남녀에게 모두 동등하게 적용되며, 같은 유형이라 하더라도 건강할 때나 건강하지 못할 때에 따라 역동성을 나타낸다. 기본성격 유형을 규정하는 데 숫자를 사용하는 것은 숫자가 가치중립적이기 때문에 사용하고 있다. 따라서 특정한 유형이 좋고 나쁘다고 얘기할 수 없으며 높은 숫자가 좋고 낮은 숫자가 나쁘다고 할 수 없다. 모든 성격유형은 독특한 자산이고 능력이다. 물론 특정한 문화나 집단에 따라서 각기 다른 유형이 바람직하다고 여겨지기도 하지만 그러한 것은 사회적 보상의 차이 때문이지 그러한 유형이 더 가치가 있기 때문이라고 할 수 없다.'는 것이다.(윤운성, 2001c)

윤운성(2001a)과 Riso(1999)는 9가지 성격 유형에 대하여 다음과 같이 설명한다.

1. 1번(개혁가)

**1번 유형의 사람들은 개혁가라 불리며,
원칙주의적이고 이상을 꿈꾸는 유형이다**

이들은 세상을 살아가는 높은 기준을 가지고 있으며 항상 자신과 세상의 변화를 원하는 높은 이상을 가지고 살아가게 되며 단호한 모습을 가지고 있으며 일을 함에 있어 철저한 사람으로 보이게 된다.

이들의 생존의 문제, 즉 본질적인 두려움은 세상을 살면서 "자신과 세상에 부도덕, 사악, 결함이 있으면 죽을 것"이라는 두려움을 가지고 있다. 즉, 이들은 본능 중심이 중요시하는 '세상과 자신의 경계의 유지"에 있어 자신이 생각하는 완벽함 속에 있지 않으면 않된다는 본질적 두려움을 가지고 살아간다. 이들의 생존에 대한 욕망은 '완벽하려는 욕망'을 가지게 된다. 따라서 이들은 삶을 살아가면서 자신과 세상의 완벽함을 위해서 이성적이고 원칙적인 모습으로 변화를 추구하는 모습을 가지게 됩니다.

이러한 욕망을 가지고 살아가는 1번 유형의 사람들은 매사에 완벽을 기하며 스스로의 이상을 위해 노력을 아끼지 않으며 정리정돈을 잘하며 살아가는 사람들이다. 이들은 옳고 그

름이 분명하며 양심을 추구하고 윤리적으로 살아가며 교사와 같이 자신과 타인의 변화를 추구하며 살아간다. 이들은 늘 일을 향상시키려고 노력하고 정진하지만 자신이 실수를 저지르는 것은 완벽하지 못하다고 생각하므로 두려워하기 때문에 일을 함에 있어 실수하지 않도록 확인하고 준비한다. 이들의 높은 기준과 원칙은 잘못하면 비판적이고 지나친 완벽주의자적인 모습으로 보일 수 있다. 일반적으로 분노와 조바심을 가지고 화를 억제하지 못하는 것이 문제가 된다(윤운성, 2001c; Riso & Hudson, 1999).

2. 2번(조력가)

> 2번 유형의 사람들은 조력가라 불리며, 남을 위하고 대인관계를 존중하는 유형이다. 이들은 가슴 중심의 사람들 중에서 자신의 이미지를 타인을 도와주는 모습으로써 표출하게 된다.

이들의 본질적인 두려움은 그들 스스로가 '사랑 받지 못하는 존재'라는 두려움을 가지고 있다. 즉, 이들은 타인에게 사랑 받지 못하면 안된다는 본질적 두려움을 가지고 살아간다. 따라서 이들의 생존에 대한 욕망은 타인으로부터 '사랑 받고자 하는 욕망'을 가지게 된다. 따라서 이들이 사랑 받기 위해

자신의 이미지를 타인에게 도움을 줌으로써 다른 이들에게 사랑을 받으려는 모습을 가지게 된다.

따라서 이러한 욕망을 가지고 살아가는 2번 유형의 사람들은 감정이 풍부하고 성실하고 따뜻한 마음을 지녔다. 또한 다정하고 친절하며 자신을 희생시키기를 잘하고 대체로 사려 깊고 타인들과 가까워지려고 노력하는 사람들이다.

이들은 자기 자신 앞에 있는 사람에게 최고의 서비스를 제공하는 사람들이다. 따라서 자신 앞에 있는 이들에게 항상 좋은 점을 이야기하며 관심을 끌기도 한다. 또한 잘못하면 남들이 자신을 필요로 하기를 원해서 일부러 도와주기도 한다. 하지만 자신이 타인을 도와줌에 대하 다른 이들이 별로 고맙게 여기지 않을 때 스트레스를 받게 되며, 자기 자신과 가족보다는 타인에 대해 집착하므로써 자신의 필요를 자각하는 것이 어렵다(윤운성, 2001c; Riso & Hudson, 1999).

3. 3번(성취가)

3번 유형의 사람들은 성취자라 불리며,
융통성이 있고 성공을 위해 노력하는 유형이다.

이들의 본질적인 두려움은 그들 스스로가 '타고난 재능이 없는 존재'라는 두려움을 가지고 있다. 즉, 이들은 자신이 잘하는 것이, 능력이 없으면 죽을 것이라는 본질적 두려움을 가지고 살아간다. 따라서 이들의 생존에 대한 욕망은 타인으로부터 '가치있는 사람, 성공한 모습으로 보이고자 하는 욕망'을 가지게 된다. 따라서 이들은 자신의 이미지를 표출함에 있어 성공하고 열심히 일하는 뛰어난 사람으로 다른 이들에게 인정을 받으려고 한다.

이러한 욕망을 가지고 살아가는 3번 유형의 사람들은 성공 및 목표 지향적인 사람이며 일의 효율을 위해서는 자신이 사사로운 감정을 가지지 않는 모습으로 보이게 된다. 이들은 감정 중심의 사람이지만 의 사람들이지만 목표와 일, 성공에 대해 최우선 순위를 두고 살아가기 때문에 감정 중심의 사람들로 보이지 않고 마치 일만 하는 감정이 없는 일중독자과 경쟁적인 사람의 모습으로 보이게 된다.

3번 유형들은 자신의 외적인 성공의 이미지를 통해 타인과

의 관계에서 관심과 존경을 받으려 한다. 따라서 이들은 자신감 있고 사람의 마음을 끌며 매력적이다.

따라서 야망이 많고 유능하고 에너지가 넘치며 자신의 위치를 늘 염두해두며 발전을 위해 항상 노력한다. 대체로 교섭에 능하고 침착하지만 자신의 이미지와 남들이 생각하는 자기 자신에 대해 지나치게 고민하기도 하며 자신이 생각하는 사회적 자신의 위치가 되지 못했을때 그들은 스트레스를 받게 되며 일의 성공적인 수행을 위해서는 가족과 주변 사람들과의 관계가 소원해질 수도 있다. (윤운성, 2001c; Riso & Hudson, 1999).

4. 4번(예술가)

4번 유형의 사람들은 예술가라 불리며,
명상적이며 낭만적인 모습으로 살아가는 유형이다.

이들의 본질적인 두려움은 그들 스스로가 '정체성이 없음, 자신이 중요하지 않은 존재'라는 두려움을 가지고 있다. 즉, 이들은 자기 자신이 어떠한 존재인지를 모르고 있다는 본질적 두려움을 가지고 살아간다. 따라서 이들의 생존에 대한 욕망

은 '자기자신을 찾고자 하는 욕망, 남과 다른 나의 모습으로 보이고자 하는 욕망'을 가지게 된다. 따라서 이들은 자신의 이미지를 표출함에 있어 특별함과 우아함, 남과 다른 내면의 세계를 추구하는 사람으로 다른 이들에게 인정을 받으려고 한다.

    이러한 욕망을 가지고 살아가는 4번 유형의 사람들은 자신을 잘 알며 감수성이 예민하고 말이 없는 사람들이며, 대체로 감정적으로 정직하며 창의적이고 자신만의 세계를 중시하는 사람이다. 4번 유형들은 자신의 내면에 대해 생각하면서 살아가기 때문에 자신은 특별한 사람이라고 자부하고 있으며 무엇보다도 감동을 중시하고 평범함을 싫어한다. 특히 자신이 중요하지 않다고 생각하는 두려움에서 생기는 이들의 감정은 이들로 하여금 다른 사람들보다 슬픔이나 고독 등도 진하게 느끼게 하며 또한 자신 내면의 슬픔을 알기 때문에 다른 사람들에 대한 이해심이 많고 타인을 격려하고 배려하는 것을 좋아한다.

    4번들은 독특하고 남이 보지 못하는 아름다움을 보고 자신의 것으로 재해석 하면서 삶을 꾸며 나가는 모습을 가지고 있으며 행동에서 패션에 이르기까지 세련된 느낌과 표현력이 풍부한 사람으로 세상에 아름다움을 주는 사람들이다. 하지만 자신이 중요한 존재이고 특별한 존재라는 것을 자각하지 못할 때는 질투심과 복수심이 생기고 죄책감에 사로잡히는 단점과 우울함에 빠지기도 있다(윤운성, 2001c; Riso & Hudson, 1999).

> **5. 5번(사색가)**
>
> 5번 유형의 사람들은 사색가라 불리며, 지각력이 있고 생각이 깊은 유형이다. 이들은 사고 중심의 사람들 중에서 가장 많은 생각을 가지며 삶에 대한 호기심과 지적인 호기심으로 항상 모든 것을 관찰하고 객관적으로 바라보며 살아가는 사람들이다.

이들의 본질적인 두려움은 그들 스스로가 '아는 것이 없는 존재, 쓸모없고 무능한 존재'라는 두려움을 가지고 있다. 즉, 이들은 자신이 세상에 대해 아무것도 모르는 존재이라는 본질적 두려움을 가지고 살아간다. 따라서 이들의 생존에 대한 욕망은 세상의 모든 것을 '알고자 하는 욕망, 모든 지식을 가진 유능한 사람이 되고자 하는 욕망'을 가지게 된다. 따라서 이들이 세상에 대한 불안과 두려움을 자신의 세상의 모든 이치를 앎으로써 해결하는 지식을 추구하는 사람, 자신만의 지식을 간직하며 음미하는 사람의 모습을 가지게 된다.

따라서 이러한 욕망을 가지고 살아가는 5번 유형의 사람들

은 지식이 풍부하고 분석력과 통찰력이 있는 사람으로 객관적이고 초연한 태도를 일관되게 유지하려고 노력하는 사람들이다. 이들은 호기심이 많으며 복잡한 생각이나 기술을 발전시키는데 집중하는 능력이 있다. 독립심이 강하고 혁신적이며 독창적이지만 이들은 생각할 시간이 필요하기 때문에 고독을 즐기며 자신만의 공간을 아주 중요시 여겨 타인이 함부로 자신의 생각을 방해하는 것을 싫어한다. 이들은 어리석은 판단을 내리는 것을 두려워하며 일을 시작하기 앞 써 정보를 열심히 수집하여 상황을 파악하려는 사람이다. 5번들은 자신이 가진 정보를 무엇보다도 중요시 하기 때문에 타인과의 관계에서 자신을 것을 잘 남에게 베풀지 않는 인색한 모습으로 보이기도 한다(윤운성, 2001c; Riso & Hudson, 1999).

6. 6번(충성가)

6번 유형의 사람들은 충성가라 불리며,
집단에 충성하고 안전을 중시하는 유형이다.

이들은 사고 중심의 사람들 중에서 가장 많은 두려움을 가지고 있으며 위험한 세상에 대한 의구심을 가지고 세상을 관찰하고 판단하며 살아가는 사람들이다.

이들의 생존의 문제, 즉 본질적인 두려움은 그들 스스로가 '도움, 타인으로부터 자신의 길을 안내 받지 못하면 살아가지 못할 것'이라는 두려움을 가지고 있다. 즉, 이들은 세상은 두려움으로 가득차 있기 때문에 홀로 삶을 개척하고 살아가는 것은 두려운 일이고 타인의 안전한 도움이 없이는 죽을 것이라는 본질적 두려움을 가지고 살아간다. 따라서 이들의 생존에 대한 욕망은 위험한 세상을 살아가기 위해서는 '안전하고자 하는 욕망'을 가지게 된다. 따라서 이들이 세상에 대한 불안과 두려움을 자신의 어떤 일을 할 때, 어떤 결정을 할 때 가장 안전한가에 대해 생각하면서 준비하는 모습으로, 불확실한 것보다는 의심이 없는 확실함이 있는 것에 함께 하려는 모습, 그리고 혼자 일을 하는 것보다는 타인과 협력하여 안전하게 일을 하려는 모습을 가지게 된다.

　따라서 이러한 욕망을 가지고 살아가는 6번 유형의 사람들은 자신과 자신이 속한 세상의 안전을 생각하면서 살아가기 때문에 책임감이 강하고 의지할 수 있고 열심히 일하는 사람으로 충실한 사람들이다. 항상 안전함을 추구하는 이들은 친구나 자기가 믿는 신념에 가장 충실한 사람들로 사회의 전통이나 단체에 강한 충성심을 갖고 있으며 공동체에 대한 헌신이 대단하다. 이들은 항상 결정을 쉽게 내리지 않는 사람들로

신중하게 항상 생각하며 훌륭한 '문제해결사'로 문제를 파악하고 협력을 촉진할 줄 안다. 6번들은 삶의 확실하고 안전함을 가장 중요시하기 때문에 삶의 안전을 위해서 방어적이고 회피적이고 일을 하기 앞서 모든 것을 다각도로 생각하며 살아가는 근심이 많은 사람이 될 수도 있다(윤운성, 2001c; Riso & Hudson, 1999).

7. 7번(낙천가)
7번 유형의 사람들은 낙천가라 불리며,
바쁘게 무엇인가를 행하는 생산적인 유형이다.

이들은 사고 중심의 사람들 중에서 자신이 가진 두려움을 긍정적이고 즐거운 모습으로 바꾸어 생각하며 살아가는 사람들이다.

이들의 생존의 문제, 즉 본질적인 두려움은 세상을 살면서 '고통 또는 박탈을 당하면 살아가지 못할 것'이라는 두려움을 가지고 있다. 즉, 이들은 어느 누구보다 고통과 박탈을 싫어하기 때문에 이러한 어려움이 자신에게 닥치면 않된다는 본질적 두려움을 가지고 살아간다. 따라서 이들의 생존에 대한 욕망은 고통으로 가득 찬 세상을 살아가기 위해서는 '행복하고자 하는 욕망'을 가지게 된다. 따라서 이들은 세상에 대한 불안과 두려움을, 삶의 현장에서 부딪히는 여러 가지 갈등을, 긍정적이고 낙천적으로 대하면서, 꿈과 희망을 항상 지니고 살아가는 모습을 가지게 된다. 이러한 욕망은 결국은 삶의 기쁨을 행해 행동을 하게 만들어 이들이 일반적으로 부끄러움과 소심함을 가지고 살아가는 다른 사고 유형과는 다른 모습을 보여주게 된다.

따라서 이러한 욕망을 가지고 살아가는 7번 유형의 사람들은 모든 일을 낙관적으로 보려고 하며 밝고 명랑한 성격을 가진다. 이들은 외향적이고 긍정적이며 다재다능하고 자발적이다. 또한 자기 주변에서 즐거움을 찾아내는 능력이 뛰어난 사람으로 아이디어와 상상력이 풍부하고 호기심이 많은 사람들이다. 이들은 노는 것을 즐기며 밝고 실천적이다. 하지만 행복을 지나치게 추구하는 7번들은 삶 속에서 모든 고통을 회피하며 살아가기 때문에 늘 새롭고 신나는 경험을 찾으며, 무엇인가를 유지시켜 나가는 데는 관심이 없고 쉽게 피곤해 한다. 일반적으로 충동적이고 규율을 잘 지키지 못하고, 참을성이 없어 문제를 겪는다(윤운성, 2001c; Riso & Hudson, 1999).

8. 8번(지도자)

8번 유형의 사람들은 지도자라 불리며,
힘과 지도력이 있으며 적극적인 유형이다.

　이들은 본능 중심의 사람들 중에서 가장 에너지가 넘치며 세상에 대한 자신의 경계를 지키기 위해 삶을 투쟁하듯 살아가는 이들이다.

　이들의 생존의 문제, 즉 본질적인 두려움은 세상을 살면서 '통제당하는 것, 자신의 약함을 남에게 보이면 살아가지 못할 것'이라는 두려움을 가지고 있다. 즉, 이들은 어느 누구보다 통제 당하는 것을 싫어하기 때문에 자신이 힘이 없으면 죽을 것이라는 본질적 두려움을 가지고 살아간다. 따라서 이들의 생존에 대한 욕망은 자신이 통제당하지 않기 위해서는 '자기 자신을 통제로부터 보호하려는 욕망'을 가지게 된다. 따라서 세상을 살아가면서 통제 당하지 않고 자신이 삶을 주도하며 살기 위해 끊임없이 투쟁하듯 살아가는 모습을 가지게 된다.

　따라서 이러한 욕망을 가지고 살아가는 8번 유형의 사람들은 모든 일을 적극적으로 하는 힘이 있는 사람들이다. 이들은 자신감이 넘치고 모든 일을 할 수 있다고 생각하며 자기주장

이 강하다. 남을 보호하며 임기응변의 능력이 있으며 직설적이고 과단성이 있다. 또한 이들은 정의와 순수를 위해 온몸을 불사르는 이들이다. 그러나 이들은 살아가면서 모든 것을 통제하려 하고 또한 자신의 약함을 보이기 싫어하기 때문에 자존심이 강하고 권력을 휘두르기도 한다. 8유형들은 자신들이 주변의 환경 특히 사람들을 통제해야 한다고 생각하는 이들은 타인의 감정에 대한 배려를 하지 않아 타인과의 관계가 소원해지기도 한다. 가끔 남들과 대결을 하며 투쟁적으로 살아가기도 한다. 일반적으로 화를 조절하고 약점이 있는 것을 인정하는 것을 어려워하기 때문에 타인과의 관계에서 여러 가지 문제점이 발생한다(윤운성, 2001c; Riso & Hudson, 1999).

9. 9번(중재자)
9번 유형의 사람들은 중재자라 불리며, 조화와 평화를 바라는 유형이다

이들은 일반적인 긴장되고 단호한 표정을 지닌 본능 중심의 사람들 중에서 모든 사람들과의 관계를 좋게 맺기를 바라기 때문에 다른 본능 중심의 사람들과는 달리 온유한 모습을 보이게 된다.

　이들의 생존의 문제, 즉 본질적인 두려움은 세상을 살면서 "세상과의 연결을 잃는 것, 혼자되면 죽을 것"이라는 두려움을 가지고 있다. 즉, 이들은 본능 중심이 중요시하는 '세상과 자신의 경계의 유지"에 있어 다른 이들과의 경계의 고리가 끊어지면 않된다는 본질적 두려움을 가지고 살아간다. 이들의 생존에 대한 욕망은 세상과의 경계의 끈을 유지하기 위해서 '평화, 타인과의 관계를 유지하려는 욕망'을 가지게 된다. 따라서 이들은 삶을 살아가면서 관계의 끈을 유지하기 위해 타인의 의견에 수용적이고 남을 말을 들어주고 조화를 중요시하는 모습을 가지게 됩니다.

　이러한 욕망을 가지고 살아가는 9번 유형의 사람들은 모든 일과 사람을 편견없이 바라볼 수 있는 사람들이다. 이들은 포용하고 믿을 줄 알며 타인을 편안하게 한다. 대체적으로 창의적이고 낙관적이며, 남들을 잘 지지하며 사람들이다. 하지만 이들은 갈등이나 긴장이 오면 자신의 내면이 혼란스러워 지는 것을 피하는 모습을 보이기도 한다. 9번 유형들은 모든 일이 불화 없이 순조롭게 진행되기를 원하며 평화를 유지하기 위해 남들과의 좋은 관계에 지나치게 집착하기도 하기도 하기 때문에 자신의 의견이 없는 것처럼 보이기도 한다. 또한 결점을 숨기고 문제를 단순화시키며 속상한 일은 무조건 축

소시키려는 경향이 있다. 일반적으로 자기가 하기 싫은 것을 보이지 않는 것처럼 피함과 외고집이 문제가 된다(윤운성, 2001c; Riso & Hudson, 1999).

에니어그램의 9가지 성격유형을 요약하면 〈Table 2〉와 같다.

Table 2. 에니어그램 성격 유형별 특성(윤운성, 2001b; 2001d)

성격유형		유형의 특징	정보 분류 방식	심리적 기능	직무
가슴중심	2 조력자	보호적, 모성애적 유형 : 배려하는, 도움이 되는, 소유욕이 강한, 조정하는 성격	타인이 좋아하는 것, 싫어하는 것, 희망, 꿈 등을 목록으로 만들어 보관한다.	감정이입, 이타주의	인간관계, 정서
	3 성취자	성공지향적이고, 실용주의적 유형 : 자기 확신에 차있고, 야망이 있으며, 자기도취적, 적대적 성격	수렴적 사고방식- 다른 환경에서 유용했던 아이디어는 현재의 목표에도 적용이 가능하다.	자기존중, 자기개발	성공, 실적
	4 예술가	명상적이고, 수줍은 유형 : 창조적, 개인주의적이며, 수줍어하고, 우울한 성격	이미 이룬 것은 미약하게 보는 반면, 가지고 있지 않거나 가질 수 없는 것은 무의식적으로 미화한다.	자의식, 예술적 창의성	창의성, 열정적 감정
머리중심	5 사색가	지적이고 분석적인 유형 : 통찰적, 독창적, 괴짜, 병적 공포심이 많은 성격	불연속적인 사고 형태이다.	지식, 독창적 사고	정보, 지식
	6 충성가	의무적, 전통적인 유형 : 호감형, 책임감, 의존적, 메조키즘적인 성격	내면의 의문 "만일 그렇게 되면?" "사실일까?" "다른 측면은 어떨까?"	동일시, 사회협력	안전, 걱정, 대비
	7 낙천가	활동적, 개방적 유형 : 열정적, 완전한, 과도한, 광적인 성격	자신 있는 계획을 종합한다.	열정, 실용적 행동	아이디어와 가능성

성격유형		유형의 특징	정보 분류 방식	심리적 기능	직무
장중심	8 지도자	강력하고 지배하는 유형 : 자기신념, 단호함, 독재적, 파과적인 성격	전부가 아니면 아예 포기한다.	자기주장, 지도성	권력, 통제
	9 중재자	태평하고 양보하는 유형 : 수용적, 믿음직함, 수동적, 억압적인 성격	개인적인 선택을 고려하지 않고 결정에서 다른 각도로 처리한다.	수락성, 수용성	평화, 조화
	1 개혁가	합리적이고 이성적인 유형 : 이성적, 원칙적, 규범적, 완벽주의적 편협한 성격	완벽을 추구하려는 내적 기준에 비추어 무의식적으로 일들을 비교한다.	합리성, 사회적 책임감	규칙, 공평무사

에니어그램과 진로지도

유형	심리적 기능	직무	직업분야
2	감정이입, 이타주의	인간관계, 정서	상담가, 교사, 사회복지사, 서비스직, 비서, 배우, 스튜어디스, 요리사
3	자기존중, 자기개발	성공, 실적	관리직, 법조계, 금융계, 컴퓨터분야, 방송인, 연기자, 지도자
4	자의식, 예술적 창의성	창의성, 열정적 감정	시인, 소설가, 음악(무용)가, 직업상담가, 출판업, 미술재료상
5	열린마음, 독창적사고	정보, 지식	과학기술분야, 상담가, 음악(예술)가-w4, 프리랜서-w6
6	동일시, 사회적협력	안전, 걱정대비	법조, 공무원, 군대, 협동연구, 의료서비스, 보디가드(대형6), 자영업(권위주의반대)
7	정열, 실용적 행동	아이디어, 가능성	비행사, 사진사, 사회복지사, 직업상담사, 간호사, 세일즈맨, 분쟁조정자, 기획자
8	자기주장, 지도성	권력, 통제	자영업, 사업가, 스포츠스타, 지역사회의원, 지도자, 상담사,
9	수락성, 수용성	평화, 조화	중재자, 외교관, 상담자, 보모, 기타 공익단체
1	합리성, 사회적 책임감	규칙, 공평무사	교사, 의사, 간호사, 성직자, 변호사, 경영자, 과학자, 외과의사, 은행가, 주식중개업자

Ⅳ. 날개, 분열과 통합

1. 날개

기본유형날개

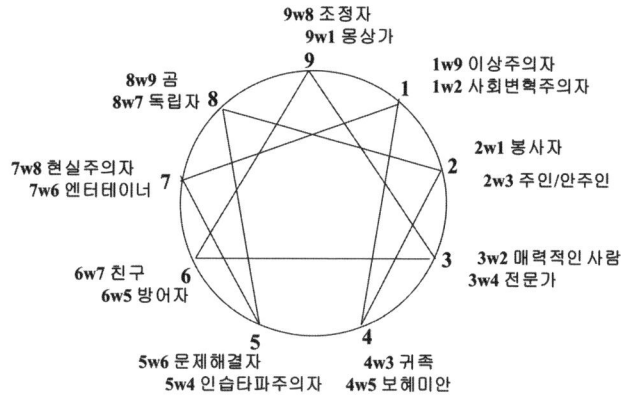

 날개(Wing)라는 개념은 자신의 성격유형 외에 자신의 느낌, 행동에 영향을 미치는 것으로, 기본 성격유형의 양옆의 유형을 일컫는 말이다. 부모나 주위의 영향, 환경의 영향 등에 의해 생성될 수 있으며, 날개와 성격유형의 조합에 따라 성격이 달라진다.

 예를 들어 자신의 기본 성격유형이 2번이라면, 2번의 양옆에 있는 1번과 3번이 있는데 점수가 높은 날개가 '우세한 날개' 또는 '나의 날개'가 된다. 즉, 기본유형이 2번 유형에 1번(2W1)이거나 2번 유형에 2번(2W3)이 된다. 따라서 같은 기본 성격 유형이라도 날개에 의해 서로 다른 특성을 나타낸다

 건강한 성격을 개발하기 위해서는 약한 날개를 개발함으로써 양쪽 날개의 균형을 유지하도록 한다. 그리고 양쪽 날개 유형의 각각을 강점을 살리면서 양쪽 날개 유형의 각각의 약점을 피하도록 노력한다.

2. 분열과 통합의 방향

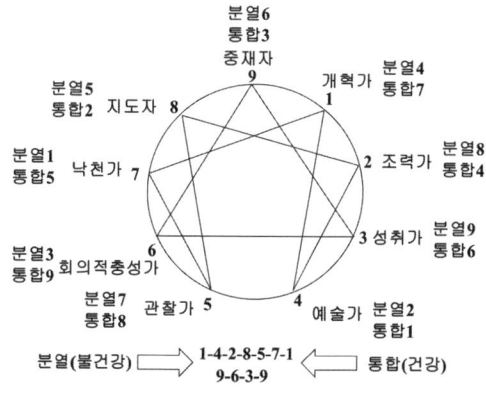

　에니어그램의 숫자들은 각각의 성격에 통합(건강, 자기 확신)과 분열의 방향(병적인, 신경증)의 순서로 연결되어 있다. 건강해지거나 약해짐에 따라 기본 유형에서 통합 또는 분열의 방향으로 진행하게 된다.

　각 유형에서 분열의 방향은 1-4-2-8-5-7-1 의 순서로 표시된다. 이 의미는 만일 신경증적 1번 성격이 퇴보로 이어지면 4번 성격을 닮아간다. 신경증적 4번은 2번으로, 신경증적 2번은 8번으로, 신경증적 8번은 4번으로, 신경증적 4번은 7번으로, 신경증적 7번은 1번으로 퇴보하게 된다(기억하기 쉬운 방법은 1-4 또는 14, 두 배인 28, 그리고 그것의 약 두 배인 57로 생각하면 된다. 그렇게 하면 1-4-2-8-5-7 그리고 순서대로 1로 돌아오면 다시 시작한다.) 반면에 정삼각형에서의 분열의 순서는 9-6-3-9이다. 신경증적 9번은 6번으로, 신경증적 6번은 3번으로, 신경증적 3번은 9번으로 퇴보한다(이 순서를 기억하기 위해서는 병약해지니까 숫자가 줄어든다고 생각하면 쉽다).

　건강(통합)하기 위해서는 분노하는 1번은 낙천적이고 긍정적인 7번 낙천가로, 계획을 추구하는 7번은 분석적인 5번 사색가로, 너무 사고하는 사색가는 자기주장으로 행동하는 8번으로, 과도한 힘

을 자랑하는 8번 유형은 남의 태도를 수용하는 2번으로, 교만한 2번은 자신의 감성을 느끼는 4번으로, 감정의 기복이 심한 4번은 원칙과 이성을 준수하는 1번으로, 업적을 중시하는 3번은 조직에 충성하는 6번 충성가로, 겁이 많은 6번 충성가는 평화로운 9번으로, 게으른 9번 중재자는 효율성을 중시하는 3번으로 가야 건강해질 수 있다.

　요약하면, 자신이 분열방향이면 현재 스트레스를 받거나 심리적 건강이 안 좋은 상태이며, 통합의 방향이면 현재 심리적으로 건강한 기본유형을 가지고 있다고 할 수 있다.
　에니어그램에서는 각 유형이 가지고 있는 단점과 장점을 찾아내어 자신의 본질적인 모습을 찾아가는 것을 중요 하다. 우리 내면에는 9가지 유형의 모습을 모두 가지고 있고 이중 하나의 가중치를 가진 것이 자신의 유형이자 전인을 형성해 가는 첫번째 길인 것이다.
　에니어그램은 각 유형 마다 생존에 대한 근본적인 두려움을 가지고 이 두려움에 의해 성격이 결정된다고 본다.
　각 사람이 가지고 있는 두려움은 생존에 대한 욕망을 만들어 내며, 이 욕망은 더욱 더 자신의 본질적인 모습보다는 자신의 성격의 왜곡된 모습으로 사람을 살아가게 한다.

　에니어그램에서는 어떠한 유형이 더 좋고 나쁘고 한 것은 없다. 각 유형 마다 장단점을 가지고 있으며, 자신의 약점을 장점으로 승화시킬 때 모든 유형은 아름다운 삶을 살 수 있는 것이다.

　에니어그램을 공부하는 목적은 자신의 두려움을 알아내고, 자신이 만든 욕망의 집착에서 벗어나서 본질적인 자신의 모습을 찾아가는 것이다.

2. 한국형에니어그램 성격유형검사

윤운성(2001c; 2001d)이 개발하고 표준화한 9가지의 성격유형으로 81문항으로 된 한국형에니어그램 성격유형검사지를 사용하였다. 5점 척도로 이루어진 이 검사의 Cronbach α=.90, 재검사신뢰도 =.89 , Riso(1996)와 공인타당도는 .82로 유형별 문항의 양호도가 높은 검사도구이다.

1) 검사 결과 해석에 대한 유의점

기본성격유형에 대해 그 외에 몇 가지 점들을 생각해 볼 수 있다.

(1) 본 검사에 의한 결과는 검사 수치에 의한 정량적인 판단으로 피검사자의 모든 것을 보여주는 검사가 아닙니다.

(2) 에니어그램 성격유형은 하나의 지배적인 기본 성격을 가지고 있으며, 이러한 기본 성격은 그 사람의 삶의 다양한 모습을 가지게 합니다.

(3) 에니어그램 성격유형은 하나의 지배적인 기본 성격을 가지고 있지만 학생들은 아직까지 발달과정에 있다고 보기 때문에 성격의 규정보다는 그 학생이 삶 속에서 많이 쓰고 있는 심리적 에너지와 적게 쓰고 있는 심리적 에너지 관점에서 접근하시는 것이 바람직합니다.

(4) 에니어그램 성격유형의 기술은 포괄적이며 유전적으로 남성 혹은 여성의 유형의 차이가 없는 이상 남녀 모두에게 동등하게 적용할 수 있다.

(5) 기본유형에 대한 모든 내용이 내담자에게 항상 적용될 수 있는 것은 아니다. 왜냐하면 당신의 성격유형을 만드는 건강할 때, 보통일 때, 건강하지 못할 때의 특성들에 따라 다양한 스펙트럼을 보이기 때문입니다.

(6) 에니어그램은 각 유형을 규정하는 데 있어서 가치중립적이기 때문에 숫자를 사용한다. 그것들은 설명적 기술에 따른 긍정적이거나 부정적인 구분을 주지 않고 각각의 태도와 행동에 전체적으로 적용된다. 정신의학에서 사용되는 규정과는 다르게 숫자들은 경멸적이지 않고도 인간의 많은 부분을 포괄할

수 있는 편견 없는 손쉬운 방법을 제공한다. 유형에 붙여진 숫자는 중요하지 않다. 큰 숫자가 작은 숫자보다 더 좋은 것 또한 아니다. 다시 말하면 9가 가장 높은 숫자이기 때문에 2보다 9가 더 좋다고 할 수는 없다.

(7) 어떤 유형이 다른 것보다 더 좋거나 나쁜 것은 아니다. 모든 성격유형은 독특한 자산이고 능력이며, 특정한 문화나 집단에 따라서 각기 다른 유형이 바람직하게 여겨지기도 한다. 이러저러한 이유로 인해 어떤 특별한 유형이어서 행복하다고 할 수는 없는 노릇이다. 당신은 당신의 유형이 어떤 점에서 "장애가 되는" 것이라고 느낄 수 있다. 모든 유형에 대해 더 많이 공부하게 될수록 당신은 각자가 갖는 독특한 능력과 각각이 갖는 한계들을 알 수 있을 것이다. 만일 어떤 유형이 다른 유형보다 우리 사회에서 더욱 존경을 받는다면, 그것은 사회적 보상의 차이 때문이지 그러한 유형이 더 가치가 있기 때문은 아니다. 그러한 이상은 당신의 최상의 자아가 될 것이며, 다른 유형이 가지고 있는 것을 부러워하지는 않게 할 것이다.

※ 특히 학생을 지도하는 교사의 자신이 생각하는 기준을 가지고 학생을 바라보는 것은 경계해야 할 것입니다.

(8) 9가지 에니어그램 성격유형은 9가지 직무환경과 관련된다. 따라서 에니어그램 성격유형은 진로지도에 활용될 수 있다. 즉 2번 조력가는 인간관계 및 정서적 관계를 중시하는 직무환경과 밀접한 관련을 맺고 있으며 따라서 상담가, 교사, 사회복지사, 서비스직, 비서, 배우, 스튜디어스, 요리사 등과 유사한 직종과 관련이 높을 수 있습니다. 하지만 이러한 성격적 특성이 하나의 직무에 고착된 것은 아닙니다. 특히 고등학교 시기는 자신이 누구인지를 알아가고 자신에 대한 자아정체성을 확립하는 시기이다. 따라서 에니어그램의 검사는 자신에 대한 정체감이나 주체성이 뚜렷할수록 자신의 진로에 대한 만족감을 찾을 수 있는 방향 제시의 관점에서 활용되어야 할 것이다.

(9) 날개와 분열과 통합은 현재 선생님들께서 참조하실 상담하실 부분은 아닙니다.

(10) 지도시 검사결과에 대해 각 아이들에게 단점 보다는 각 유형의 장점에 대해 이야기 해 주시길 바랍니다.

1번 유형의 지도 방안

기본 유형 특성 (1번)	개혁가는 원칙주의적이고 이상주의적인 유형이다. 옳고 그름이 분명하며 양심적이고 윤리적이다. 주로 교사, 개혁 운동가이며 변화를 추구한다. 늘 일을 항상시키려고 노력하지만 실수를 저지르는 것을 두려워한다. 정리정돈을 잘하며 까다롭고 높은 기준을 갖고 있다. 그러나 잘못하면 비판적이고 지나친 완벽주의가 될 수 있다. **일반적으로 분노와 조바심을 잘 억제하지 못한다.** 최상의 상태 : 지혜롭고 총명하고 현실적이고 고귀하다. 도덕적인 영웅이 되기도 한다.	
강점과 약점	강 점	약 점
	이상적이고, 원칙주의적이고, 정돈을 잘하고, 부지런하고, 양심적이고, 윤리적이다.	비판적이고, 남을 판단하고, 유연하지 못하고, 엄격하고, 조정하려 하고, 독단적이다.
학생에게 줄 수 있는 도움말	지나치게 비판하지 말고 너그러운 마음가짐을 가져라. 그 동안 열심히 일했으니 이젠 쉬어가면서 하라. 세상을 낙천적으로 대하고 실수를 인정하세요. 자신이 세운 완벽한 기준을 낮추고 오락을 통해 긴장을 풀기 바랍니다. 자신의 창조적이고 예술적 측면을 발전시켜라. 경직성을 버리고 좀 더 즉흥적이 될 필요가 있다. 부정적인 것보다 긍정적인 것에 집중하라. 가끔씩 자신의 기준을 낮추어라.	
진로분야	**관련 직무 : 규칙, 공평무사, 예의 바름, 논리적 사고, 개선하기, 세심함, 책임감** **직업 분야 : 교사, 의사, 간호사, 성직자, 변호사, 경영자, 과학자, 외과의사, 은행가, 주식 중개업자**	
지도상의 유의점	1번 유형의 사람들은 개혁가라는 별칭으로도 불리며, 원칙주의적이고 이상을 꿈꾸는 사람들입니다. 1번 유형들의 본질적인 두려움은 세상을 살면서 "자신과 세상에 부도덕, 사악, 결함이 있으면 안된다는"이라는 두려움을 가지고 있습니다. 1번 유형들이 가지는 생존에 대한 욕망은 '완벽하려는 욕망'을 가지게 됩니다. 이들은 삶을 살아가면서 자신과 세상의 완벽함을 위해서 이상적이고 원칙적인 모습으로 변화를 추구하는 모습을 가지게 됩니다. 따라서 자신이 실수를 저지르는 것은 완벽하지 못하다고 생각하므로 두려워하기 때문에 일을 함에 있어 자신의 목표를 세우지 못했을 때, 이들의 높은 기준과 원칙은 자신과 타인에 대한 비판과 참견의 모습을 가질 수 있습니다. 그러므로 선생님들께서는 학생들에게 그들이 가지고 있는 완벽과 완전함은 지금 당장 이루는 것이 아닌 미래를 위해 준비하는 과정이라는 것을 깨닫게 해주는 것 그리고 이들이 내 자신과 세상은 있는 그대로도 완전하다는 것을 확신시켜주실 필요가 있습니다.	

2번 유형의 지도 방안

기본 유형 특성 (2번)	**조력가는 남을 위하고 대인관계를 존중하는 유형이다.** **감정이 풍부하고 성실하고 따뜻한 마음을 지녔다.** 다정하고 친절하며 자신을 희생시키기를 잘한다. 그러나 그와 동시에 감상적이고 아첨과 아부를 잘한다. 대체로 사려 깊고 타인들과 가까워지려고 노력한다. 그러나 잘못하면 남들이 자신을 필요로 하기를 원해서 일부러 도와주기도 한다. **일반적으로 사람에 대한 소유욕 때문에 곤란을 겪으며 자신의 필요를 자각하는 것이 어렵다.** 최상의 상태 : 헌신적이고 이타적이다. 그들은 남들을 향한 무조건적인 사랑을 가지고 있다.

	강 점	약 점
강점과 약점	관대하고, 이해심이 많고, 동정심이 많고, 남을 도와주고, 적응력이 뛰어나고, 사랑을 나누어준다.	의존적이고, 독점적이고, 아첨을 하고, 일에 끼어들고, 조종하려 하고, 유혹적이다.

학생에게 줄 수 있는 도움말	타인의 입장은 물론 내가 필요한 것이 무엇인지를 생각하라. 다른 사람을 지나치게 내편이 되게 하지 말라. 너무 우유부단하지 말고 싫을 때는 내 주장을 말하는 것도 필요하다. 자신에게 기쁨과 만족을 줄 수 있는 일을 행하라. 더 자신감이 있고 남의 인정을 필요로 하지 않다. 외로움, 아픔과 다른 고통스런 느낌을 받아들이라. 당신은 "아니오"라고 말하기 시작하며, 개인적 공간을 찾아 생각해 보라. 내 자신이기 때문에 사랑받는 것이지 나의 서비스 때문이 아니다. 내 자신을 먼저 보살펴야 한다.
진로분야	2번 유형에게 어울리는 직무 분야는 인간관계, 정서 을(를) 가지고 일할 수 있는 다음과 같은 직업을 가질 때 보다 좋은 결과를 낼 수 있습니다. 직업분야 : 상담가, 교사, 사회복지사, 서비스직, 비서, 배우, 스튜디어스, 요리사 하지만 이는 고정된 것이 아니며 각 유형이 건강할 때는 어떤 직무와 직업 분야에서도 좋은 성과를 낼 수 있습니다.
지도상의 유의점	2번 유형의 사람들은 조력가라 불리며, 남을 위하고 대인관계를 존중하는 유형입니다. 이들의 본질적인 두려움은 그들 스스로가 '사랑 받지 못하는 존재'라는 두려움을 가지고 있습니다. 2번 유형이 가지는 생존에 대한 욕망은 타인으로부터 '사랑 받고자 하는 욕망'을 가지게 됩니다. 이들은 사랑 받기 위해 자신의 이미지를 타인에게 도움을 줌으로써 다른 이들에게 사랑을 받으려는 모습을 가지게 됩니다. 이들은 감정이 풍부하고 성실하고 따뜻한 마음을 지닌 사람으로 다정하고 친절하며 자신을 희생시키기를 잘하고 대체로 사려 깊은 모습이지만 자신이 타인을 도와줌에 대해 다른 이들이 별로 고맙게 여기지 않을 때 스트레스를 받게 됩니다. 그러므로 선생님들께서는 학생들에게 그들이 행하는 여러 관심의 표현을 잘 포착하실 필요가 있으며, 그들이 남을 돕기 위한 방법 중에 하나는 내가 열심히 공부를 해서 사회에 필요한 사람이 되면 더욱 더 많은 사람을 도울 수 있다는 것을 상기시켜주실 필요가 있습니다.

3번 유형의 지도 방안

기본 유형 특성 (3번)	성취자는 융통성이 있고 성공 지향적인 유형이다. **자신감 있고 사람의 마음을 끌며 매력적이다.** 야망이 많고 유능하고 에너지가 넘치며 자신의 위치를 늘 염두해두며 발전을 위해 항상 노력한다. 대체로 교섭에 능하고 침착하지만 자신의 이미지와 남들이 생각하는 자기 자신에 대해 지나치게 고민하기도 한다. **일반적으로 그들의 문제점은 일중독과 경쟁심에서 비롯된다.** 최상의 상태 : 자기시인적이고 정직하다. 타인들을 감화시키는 역할자가 된다.	
강점과 약점	강 점	약 점
	자신감이 있고, 효율적이고, 실용적이고, 부지런하고, 긍정적이고 목표지향적이다.	허영적이고, 이미지 의식적임, 겉치레하고 허위적이고, 나르시스적이고, 무정하다.
학생에게 줄 수 있는 도움말	나의 목표달성에 지나치게 집착하지 말라. 자신의 능력을 과대포장하지 말고 현재를 그대로 보여라. 정직이 최선의 정책임을 기억하라. 좀 더 주변을 살피면서 자신의 감정에 귀를 기울이며 내면의 감정의 소리를 들어보라. 천천히 가며 안정을 취하는 법을 배워라. 가족과 친구들에 대한 충성을 가치있게 여겨라. 심사숙고를 통해 감정을 열고 이야기 하라. 내가 하는 것이 아닌 내 자신 때문에 사랑받는 것이다.	
진로분야	3번 유형에게 어울리는 직무 분야는 성공, 실적을(를) 가지고 일할 수 있는 다음과 같은 직업을 가질 때 보다 좋은 결과를 낼 수 있습니다. 직업분야 : 관리직, 법조계, 금융계, 컴퓨터분야, 방송인, 연기자, 지도자 하지만 이는 고정된 것이 아니며 각 유형이 건강할 때는 어떤 직무와 직업 분야에서도 좋은 성과를 낼 수 있습니다.	
지도상의 유의점	3번 유형의 사람들은 성취가라 불리며, 융통성이 있고 성공을 위해 노력하는 유형이다. 이들의 본질적인 두려움은 그들 스스로가 '타고난 재능이 없는 존재'라는 두려움을 가지고 있습니다. 3번 유형들이 가지는 욕망은 타인으로부터 '가치있는 사람, 성공한 모습으로 보이고자 하는 욕망'을 가지게 됩니다. 따라서 이들은 자신의 이미지를 표출함에 있어 성공하고 열심히 일하는 뛰어난 사람으로 다른 이들에게 인정을 받으려고 합니다. 이들은 야망이 많고 유능하고 에너지가 넘치며 자신의 위치를 늘 염두해두며 발전을 위해 항상 노력하지만, 목표와 일, 성공에 대해 최우선 순위를 두고 살아가기 때문에 일중독자과 경쟁적인 사람의 모습으로 보이게 된다. 그러므로 선생님들께서는 학생들에게 그들이 지금 학습에 또는 그들이 바라는 분야의 제일이 되는 것도 중요하지만 현재 열심히 공부하는 과정도 이 학생의 미래의 성공을 준비하는 과정이라는 것을 인지시키고 성취의 기쁨을 나눌 수 있는 사람들이 있을 때 더욱 더 보람있는 삶이 된다는 것을 알려주실 필요가 있습니다.	

4번 유형의 지도 방안

기본 유형 특성 (4번)	예술가는 내성적이고 낭만적인 유형이다. 자신을 잘 알며 감수성이 예민하고 말이 없다. 대체로 감정적으로 정직하며 창의적이고 개인적이다. 그러나 자의식이 강하고 쉽게 우울해 질 수 있다. 사람들을 피하는 이유는 자신이 약점이나 결함이 있다고 생각하기 때문이다. 또한 평범한 삶의 방식을 경멸 할 수도 있다. 일반적으로 우울증, 방종, 자기 연민 때문에 문제를 겪는다. 마음이 따뜻하고 이해심이 많고 사람들을 뒷받침하며 도와주는 장점이 있으나 질투심과 복수심이 생기고 죄책감에 사로잡히는 단점도 있다. 최상의 상태 : 영감을 받고 굉장히 창의적이다. 자신을 새롭게 하며 자신의 경험을 통해 변화할 수 있다.	
강점과 약점	강 점	약 점
	예민하고, 독창적이고, 예술적이고 유행에 민감하고, 교양있고, 감정적이다.	우울하고, 소유욕이 많고, 자의식이 너무 강하고, 과민하고, 움츠려들고, 자기학대적이다.
학생에게 줄 수 있는 도움말	감정의 파도에 휩쓸리면 이성적으로 자신과 문제에 접근하라. 내가 원하는 것과 원하지 않는 것을 구분해 보라. 타인을 부러워하기보다는 자신이 가지고 있는 능력에 감사하라. 기분이 우울할 때 즐거운 노래나 운동으로 풀어라. 더 외향적이 되며 덜 자기 중심적이 되라. 사람들과 덜 냉정하게 관계를 맺어라. 부정적인 것보다는 긍정적인 것에 집중하라. 현실적이고 실용적인 일상 기술을 터득하라. 나는 감정이 아니라 그것을 통제하는 사람이다.	
진로분야	4번 유형에게 어울리는 직무 분야는 창의성, 열정적 감정 을(를) 가지고 일할 수 있는 다음과 같은 직업을 가질 때 보다 좋은 결과를 낼 수 있습니다. 직업분야 : 시인, 소설가, 음악(무용)가, 직업상담가, 출판업, 미술재료상 하지만 이는 고정된 것이 아니며 각 유형이 건강할 때는 어떤 직무와 직업 분야에서도 좋은 성과를 낼 수 있습니다.	
지도상의 유의점	4번 유형의 사람들은 예술가라 불리며, 명상적이며 낭만적인 모습으로 살아가는 유형입니다. 이들의 본질적인 두려움은 그들 스스로가 '정체성이 없음, 자신이 중요하지 않은 존재'라는 두려움을 가지고 있습니다. 4번 유형들이 가지는 욕망은 '자기 자신'을 찾고자 하는 욕망, 남과 다른 나의 모습으로 보이고자 하는 욕망'을 가지게 됩니다. 4번 유형은 자신의 이미지를 표출함에 있어 특별함과 우아함, 남과 다른 내면의 세계를 추구하는 사람으로 다른 이들에게 인정을 받으려고 합니다. 이들은 자신을 잘 알며 감수성이 예민하고 말이 없는 사람들이며, 대체로 감정적으로 정직하며 창의적이고 자신만의 세계를 중시하는 사람들이지만 자신이 중요한 존재라고 하는 것을 자각하지 못할 때는 질투심과 복수심이 생기고 이러한 생각을 가지고 있다는 죄책감에 사로잡히는 단점과 우울함에 빠지기도 합니다. 그러므로 선생님들께서는 학생들에게 그들의 감정의 세계, 상상력에 대해 함께 공감해 주시길 바라며, 또한 학생들이 내면의 이야기를 직접 표현 할 수 있거나 글 등을 통해서 표현할 수 있도록 도와주시길 바랍니다.	

5번 유형의 지도 방안

기본 유형 특성 (5번)	**사색가는 지각력이 있고 생각이 깊은 유형이다.** **경각심과 통찰력이 있고 호기심이 많다.** 복잡한 생각이나 기술을 발전시키는데 집중하는 능력이 있다. 독립심이 강하고 혁신적이며 독창적이다. 자신의 생각과 상상 속의 구성에 몰두하기도 한다. 초연하기도 하지만 일에 집착하고 열심히 한다. 일반적으로 그들은 비정상적인 행위, 허무주의, 고립으로 고민한다. **끈기가 있고 현명하며 분석적 태도를 갖고 있는 반면 지적인 오만함과 흠잡기 좋아하고 내성적이다.** 최상의 상태 : 지적이고 몽상적인 개척자, 종종 시대를 앞서기도 하며 세상을 전혀 다른 눈으로 바라볼 줄 안다.

강점과 약점	강 점	약 점
	분석적이고, 관찰적이고, 초연하고, 현명하고, 객관적이고, 예민하다.	내성적이고, 사색적이고, 인색하고, 오만하고, 소극적이고, 감정이 없다.

학생에게 줄 수 있는 도움말	지나친 생각에서 벗어나 행동으로 옮겨 보라. 혼자서 두려워하지 말고 서로 협력하도록 하며 의견을 나누시길 바랍니다. 선입견을 버리고 정신적으로 자유롭도록 심호흡을 해보라. 자신있게 사회에 참여하도록 하며 타인과 생각을 공유하라. 새롭고 모험적인 경험을 즐기기 시작하라. 덜 소심하고 덜 수줍어하라. "할 수 있다"는 태도로 이슈에 관여하라. 나서서 말을 하며 주도적이 되라. 나도 감정이 있고 느낍니다. 솔선수범하여 나의 생각을 말하라.
진로분야	5번 유형에게 어울리는 직무 분야는 정보, 지식 을(를) 가지고 일할 수 있는 다음과 같은 직업을 가질 때 보다 좋은 결과를 낼 수 있습니다. 직업분야 : 과학기술분야, 상담가, 음악(예술)가, 프리랜서 하지만 이는 고정된 것이 아니며 각 유형이 건강할 때는 어떤 직무와 직업 분야에서도 좋은 성과를 낼 수 있습니다.
지도상의 유의점	5번 유형의 사람들은 사색가라 불리며, 지각력이 있고 생각이 깊은 유형입니다. 이들의 본질적인 두려움은 그들 스스로가 '아는 것이 없는 존재, 쓸모없고 무능한 존재'라는 두려움을 가지고 있습니다. 5번 유형들이 가지는 욕망은 세상의 모든 것을 '알고자 하는 욕망, 모든 지식을 가진 유능한 사람이 되고자 하는 욕망'을 가지게 됩니다. 따라서 이들이 세상에 대한 불안과 두려움을 자신의 세상의 모든 이치를 앎으로써 해결하는 지식을 추구하는 사람, 자신만의 지식을 간직하며 음미하는 사람의 모습으로 보여집니다. 이들은 지식이 풍부하고 분석력과 통찰력이 있는 사람으로 호기심이 많으며 복잡한 생각이나 기술을 발전시키는데 집중하는 능력이 있지만 이들은 생각할 시간이 필요하기 때문에 고독을 즐기며 자신만의 공간을 아주 중요시 여겨 타인이 함부로 자신의 생각을 방해하는 것을 싫어합니다. 이들은 어리석은 판단을 내리는 것을 두려워하며 일을 시작하기 앞 써 정보를 열심히 수집하여 상황을 파악하려는 사람입니다. 그러므로 선생님들께서는 학생들에게 그들이 가진 지식에 대해 객관적으로 바라보면서 생각을 정리하고 이야기할 시간적 여유를 주시길 바랍니다. 그들의 지식을 실천함으로써 그 지식이 세상에서 어떻게 돌아가는지를 깨닫게 하는 것도 중요합니다.

6번 유형의 지도 방안

기본 유형 특성 (6번)	**충성가는 집단에 충성하고 안전을 중시하는 유형이다.** **의지할 수 있고 열심히 일하며 책임감이 강하고 믿을만하다.** 훌륭한 '문제해결사'로 문제를 파악하고 협력을 촉진할줄 안다. 반면 방어적이고 회피적이고 근심이 많은 사람이 될 수도 있다. 불만을 갖는 동안 스트레스에 시달리기도 한다. 성격이 우유부단하고 신중 할 수 있으며 반동적이며 반항적으로 되기도 한다. **일반적으로 자기 부정과 의심의 문제점을 갖고 있다.** 최상의 상태 : 내부적으로 안정적이며 자신을 믿고 자신과 다른 사람들에게 용기 있는 옹호자가 된다.

강점과 약점	강 점	약 점
	충실하고, 친절하고, 현명하고, 남을 존중하고, 믿을 수 있고, 용감하다.	겁이 많고, 의심이 많고, 결정을 못하고, 방어적이고 불안해하고, 권위적이다.

학생에게 줄 수 있는 도움말	너무 걱정하지 말고 여유를 가져라. 세상은 우리가 함께 하기에 안전하다는 것을 생각하고 감사하라. 긍정적인 목표와 용기를 가지고 있음을 자각하라. 실패를 두려워하지 말고 자기확신을 가지라. 무엇이 가능한가에 집중하고 시작하라. 긍정적 결정을 통해 두려움을 없애라. 영원한 감시인이 될 필요를 잊고 여유를 가져라. 더 비경쟁적인 모드로 여유를 가져라. 어두움을 욕하기 보다는 촛불을 켜라. 나의 권위는 나의 내부에서 나온다.
진로분야	6번 유형에게 어울리는 직무 분야는 안전, 걱정대비 을(를) 가지고 일할 수 있는 다음과 같은 직업을 가질 때 보다 좋은 결과를 낼 수 있습니다. 직업분야: 법조, 공무원, 군대, 협동연구, 의료서비스, 보디가드, 자영업 하지만 이는 고정된 것이 아니며 각 유형이 건강할 때는 어떤 직무와 직업 분야에서도 좋은 성과를 낼 수 있습니다.
지도상의 유의점	6번 유형의 사람들은 충성가라 불리며, 집단에 충성하고 안전을 중시하는 유형입니다. 6번 유형들의 본질적인 두려움은 그들 스스로가 '도움, 타인으로부터 자신의 길을 안내 받지 못하면 살아가지 못할 것'이라는 두려움을 가지고 있습니다. 6번 유형들이 가지는 욕망은 위험한 세상을 살아가기 위해서는 '안전하고자 하는 욕망'을 가지게 됩니다. 따라서 이들이 세상에 대한 불안과 두려움을 자신의 어떤 일을 할 때, 어떤 결정을 할 때 가장 안전한가에 대해 생각하면서 준비하는 모습으로, 불확실한 것보다는 의심이 없는 확실함이 있는 것에 함께 하려는 모습, 그리고 혼자 일을 하는 것보다는 타인과 협력하여 안전하게 일을 하려는 모습을 가지지만 새로운 것에 대한 주도적인 시도를 하지 않으려는 단점을 가집니다. 그러므로 선생님께서 지도상에서 유의하실 부분들은 6번들이 그들의 삶의 여러 상황에 대해 의심과 질문을 자유로이 표현할 수 있는 환경을 만들어 주는 것이 필요합니다. 또한 목표를 이룰 수 있게 하기 위해 단기 작업과 목표를 구성할 수 있도록 도와주는 것, 그리고 이러한 지도는 선생님과의 관계 속에서 상호관계에 있다는 것을 지속적으로 확신시켜주실 필요가 있습니다.

7번 유형의 지도 방안

기본 유형 특성 (7번)	**낙천가는 바쁘게 무엇인가를 행하는 생산적인 유형이다.** **외향적이고 긍정적이며 다재다능하고 자발적이다.** 노는 것을 즐기며 밝고 실천적이다. 일을 지나치게 잡아 늘이고 산만하고 규율을 잘 못 지켜서 자신의 능력을 적절히 적용하지 못할 때가 있다. 늘 새롭고 신나는 경험을 찾으며, 무엇인가를 유지시켜 나가는 데는 관심이 없고 피곤해 한다. **일반적으로 충동적이고 참을성이 없어 문제를 겪는다.** 최상의 상태 : 가치 있는 목표에 자신의 재능을 집중시키고 감사할 줄 알며 유쾌하고 만족스러워한다.

	강 점	약 점
강점과 약점	낙관적이고, 사교적이고, 즐겁고, 상상력이 풍부, 쾌활하고, 모험을 좋아한다.	도피주의자이고, 산만하고, 쾌락주의적이고, 자제력이 없고, 쉽게 중독되고, 광적이다.

학생에게 줄 수 있는 도움말	너무 즐거움을 추구하고 모험을 따르지 말라(중용). 현실을 회피하기보다는 현재에 감사하라. 한 분야를 깊게 탐구하고 하던 일을 완성하는 기쁨을 누려라. 정해진 시간에 식사, 수면, 운동을 하도록 노력하라. 약속을 지키고 기일을 지켜라. 만족을 뒤로 하고 남들을 먼저 생각하라. 표면적으로 보지 않고 깊이 있게 보라. 조용하고 생각에 빠지는 것의 중요성을 인정하라. 행복은 내안에 존재한다.
진로분야	7번 유형에게 어울리는 직무 분야는 아이디어, 가능성을 가지고 일할 수 있는 다음과 같은 직업을 가질 때 보다 좋은 결과를 낼 수 있습니다. 직업분야 : 비행사, 사진사, 사회복지사, 직업상담사, 간호사, 세일즈맨, 분쟁조정사, 기획자 하지만 이는 고정된 것이 아니며 각 유형이 건강할 때는 어떤 직무와 직업 분야에서도 좋은 성과를 낼 수 있습니다.
지도상의 유의점	7번 유형의 사람들은 낙천가라 불리며, 바쁘게 무엇인가를 행하는 생산적인 유형입니다. 이들의 본질적인 두려움은 세상을 살면서 '고통 또는 박탈을 당하면 살아가지 못할 것'이라는 두려움을 가지고 있습니다. 7번 유형들이 가지는 욕망은 고통으로 가득 찬 세상을 살아가기 위해서는 '행복하고자 하는 욕망'을 가지게 됩니다. 따라서 이들은 세상에 대한 불안과 두려움을, 삶의 현장에서 부딪히는 여러 가지 갈등을, 긍정적이고 낙천적으로 대하면서, 꿈과 희망을 항상 지니고 살아가는 모습을 가지게 됩니다. 따라서 7번의 학생은 자기 주변에서 즐거움을 찾아내는 능력이 뛰어난 사람으로 아이디어와 상상력이 풍부하고 호기심이 많은 사람들로서 이들은 노는 것을 즐기며 밝고 실천적이지만 행복을 지나치게 추구하는 7번들은 삶 속에서 모든 고통을 회피하며 살아가기 때문에 늘 새롭고 신나는 경험을 찾으며, 무엇인가를 유지시켜 나가는 데는 관심이 없을 수 있습니다. 그러므로 선생님께서 지도상에서 유의하실 부분들은 7번들이 가진 아이디어의 다양성을 실천하기 위해서 자신의 목표를 마무리 했을 때 오는 성취감도 즐거운 쾌락이라는 것, 또한 삶 속에는 희노애락이 존재한다는 것을 이야기 하실 필요가 있습니다.

8번 유형의 지도 방안

기본 유형 특성 (8번)	지도자는 힘과 지도력이 있으며 적극적인 유형이다. **자신감이 넘치고 자기주장이 강하다.** 남을 보호하며 임기응변의 능력이 있으며 직설적이고 과단성이 있다. 그러나 자존심이 강하고 권력을 휘두르기도 한다. 8유형들은 자신들이 주변의 환경 특히 사람들을 통제해야 한다고 생각한다. 가끔 남들과 대결을 하며 협박하기도 한다. **일반적으로 화를 조절하고 약점이 있는 것을 인정하는 것을 어려워한다.** 최상의 상태 : 자신을 잘 통제할 줄 알며, 자신들의 힘을 남들의 인생을 개선시키는 데 사용한다. 영웅적이고 관대한 사람을 감동시킨다.
강점과 약점	강 점 / 약 점 현실적이고, 활발하고, 자신감이 있고, 강하고, 겁이 없고, 정열적이다. / 공격적이고, 타인을 조정하려 하고, 반항적이고, 자기중심적이고, 오만하고, 가혹하다.
학생에게 줄 수 있는 도움말	남의 얘기를 잘 들어주려는 노력해라. 흑백논리를 벗어나 타인과 이야기하며 마음을 맞추어라. 혼자서 모든 것을 통제해야 한다는 생각에서 벗어나면 자유로워진다. 자신의 감정에 귀를 기울여 부드러움을 표현하라. 행동을 하기 전에 침착하게 생각하라. 자신의 화난 감정을 멀리하고 더 객관적으로 생각하라. 다른 사람들의 힘에 대한 인정을 필요하다. 남들은 더 생각해주고 행동을 조금만 늦추라. 온순함의 진정한 힘을 깨달아라. 충돌보다는 협력이 좋다. 만일에 대비하도록 하라.
진로분야	8번 유형에게 어울리는 직무 분야는 권력, 통제 을(를) 가지고 일할 수 있는 다음과 같은 직업을 가질 때 보다 좋은 결과를 낼 수 있습니다. **직업분야 : 자영업, 사업가, 스포츠스타, 지역사회의원, 지도자, 상담사** 하지만 이는 고정된 것이 아니며 각 유형이 건강할 때는 어떤 직무와 직업 분야에서도 좋은 성과를 낼 수 있습니다.
지도상의 유의점	8번 유형들은 힘과 지도력이 있으며 적극적인 유형입니다. 8번들이 가지는 본질적인 두려움은 세상을 살면서 '통제당하는 것, 자신의 약함을 남에게 보이면 살아가지 못할 것'이라는 두려움을 가지고 있습니다. 8번 유형들이 가지는 욕망은 통제당하지 않기 위해서는 '자기 자신을 통제로부터 보호하려는 욕망'을 가지게 됩니다. 따라서 세상을 살아가면서 통제 당하지 않고 자신이 삶을 주도하며 살기 위해 끊임없이 투쟁하듯 살아가는 모습을 가지게 됩니다. 따라서 이러한 욕망을 가지고 살아가는 8번 유형의 사람들은 모든 일을 적극적으로 하는 힘이 있는 사람들입니다. 이들은 자신감이 넘치고 모든 일을 할 수 있다고 생각하며 자기주장이 강하고 남을 보호하며 임기응변의 능력이 있으며 직설적이고 과단성이 있으며, 순수함과 정의를 추구하기도 하지만 자신의 주장이 너무 강하기 때문에 남들과 함께 일하는 것을 힘들어 할 수도 있습니다. 그러므로 선생님께서 지도상에서 유의하실 부분들은 8번들이 가진 정의와 진실을 보는 눈에 대해 칭찬하시고, 삶의 문제에서 다른 사람들과 협력하여 일을 하고 이야기할 때 해결된다는 것을 알려주시길 바랍니다.

9번 유형의 지도 방안

기본 유형 특성 (9번)	**중재자는 조화와 평화를 바라는 유형이다.** **포용하고 믿을 줄 알며 안정적이다.** 대체적으로 창의적이고 낙관적이며 남들을 잘 지지한다. 그러나 평화를 유지하기 위해 남들과의 좋은 관계에 지나치게 집착하기도 한다. 또한 모든 일이 불화 없이 순조롭게 진행되기를 원한다. 그러나 결점을 숨기고 문제를 단순화시키며 속상한 일은 무조건 축소시키려는 경향이 있다. **일반적으로 게으름과 외고집이 문제가 된다.** 최상의 상태 : 꿋꿋하고 모든 것을 포용할 줄 안다. 사람들과 함께 조화를 이루고 갈등을 치료한다.

강점과 약점	강 점	약 점
	평화적이고, 침착하고, 위안을 주고, 인내심이 강하고, 온순하고, 끈기가 있다.	게으르고, 잘 잊고, 결정을 못하고, 무감각하고, 건망증이 있고, 허무주의적이다.

학생에게 줄 수 있는 도움말	일에 우선순위를 정하고 실천하라. 화합과 조화도 중요하지만 일의 효율성을 생각하며 조절하라. 오늘 할 일을 내일로 미루지 마시고 실천하라. 수동적으로 의존하지 말고 적극적인 자세를 삶을 유지하라. 다른 사람을 돕는 실용적인 기술을 발전시켜라. 용기있게 문제에 직면하라. 해야 할 일에 집중하라. 자신있는 선택으로 힘을 얻는다. 문제를 직면하라, 그들은 그냥 사라지지 않는다.
진로분야	9번 유형에게 어울리는 직무 분야는 평화, 조화 을(를) 가지고 일할 수 있는 다음과 같은 직업을 가질 때 보다 좋은 결과를 낼 수 있습니다. 직업분야 : 중재자, 외교관, 상담자, 보모, 기타 공익단체 하지만 이는 고정된 것이 아니며 각 유형이 건강할 때는 어떤 직무와 직업 분야에서도 좋은 성과를 낼 수 있습니다.
지도상의 유의점	9번 유형의 사람들은 중재자라 불리며, 조화와 평화를 바라는 사람들입니다. 이들이 가지고 있는 두려움은 세상을 살면서 "세상과의 연결을 잃는 것, 혼자되면 죽을 것"이라는 두려움을 가지고 있습니다. 9번 유형들이 가지는 욕망은 세상과의 경계의 끈을 유지하기 위해서 '평화, 타인과의 관계를 유지하려는 욕망'을 가지게 됩니다. 이런 이유로 이들은 삶을 살아가면서 관계의 끈을 유지하기 위해 타인의 의견에 수용적이고 남들 말을 들어주고 조화를 중요시하는 모습을 가지게 됩니다. 대체적으로 이들은 낙관적이며, 남들을 잘 지지하며 사람들입니다. 하지만 이들이 가지는 "(인간)관계, 타인과의 연결의 끈이 끊어지는 것에 대한 두려움은 갈등이나 긴장이 오면 자신의 내면이 혼란스러워 지는 것을 피하는 모습을 보이기도 합니다. 이러한 모습이 유유부단 한 모습 결정을 하지 못하는 모습으로 보이기도 하는 것입니다. 그러므로 선생님께서 지도상에서 유의하실 부분들은 9번들이 관계를 부모님과 친구간의 유지하기 위해서는 결국은 자신의 의견을 적극적으로 밝히고 행동해야 한다는 것을 이야기 해주시고, 선생님께서는 너의 미래를 믿고 있다는 확신을 주시길 바랍니다.

나의 진로 및 학습유형은?

한국형에니어그램 진로 및
학습유형검사
(KEPTI-CLS)

활용도구

진로 및 학습유형검사 (KEPTI-CLS)

진로 및 학습유형검사 (KEPTI-CLS)는 9가지의 성격유형에 대해 81문항으로 구성된 전국 표준화검사이다.
본 검사의 Cronbach-a는 .879, 재검사신뢰도는 .830으로 매우 양호한 검사이다.

나의 진로 및 학습 유형은?

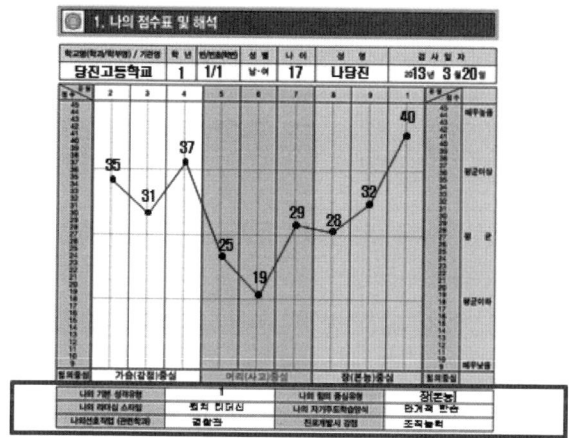

진로 및 학습유형검사의 의미

진로 선택 및 직업생활 과정 중에서 발생되는 개인의 심리적, 행동적 특성과 학습유형을 알아보는 검사

진로 및 학습유형검사의 필요대상

- 장래의 진로에 대해서 막연한 기대를 갖고 있는 중고등학생
- 직업훈련을 받고 싶어하는 비진학 청소년
- 전공계열 선택으로 망설이는 학생
- 취업알선 시 개인의 직업선호가 분명하게 드러나지 않는 사람.
- 고용보험제도 실시에 따라 취업알선 시 직업적성을 판정할 객관적 자료가 없는 실직자.
- 대학에서 취업상담 자료로 활용하고자할 때

진로 및 학습유형검사의 역할

1) 자신에게 적합한 진로선택 시 필요한 자신의 내적 조건을 파악할 수 있다.
2) 올바른 진로지도를 위해 사용될 수 있다.
3) 개인의 학교생활에서의 적응을 위한 상담에 심리검사를 활용할 수 있다.
4) 개인의 학습유형과 학습증진 전략 및 리더십 스타일을 알 수 있다.

검사의 특징

1. 표준화된 검사이다.

2. 높은 신뢰도와 타당도를 갖추고 있는 전문적인 검사이다.

3. 다양한 장면에서 실시가 가능하다.

4. 채점과 해석이 모두 객관적이다.

5. 실시가 용이하다.

6. 다양한 용도로 사용이 가능하다.

직업선택표 작성

직업선택표

일자 : 20   년   월   일

1. 직업중요도 가중치	2. 직업명 평가치
자신이 중요하다고 생각하는 아래 항목에 대한 가중치를 ( )안에 매겨보세요. 매우중요 : 5, 대체로 중요 : 4, 보통 : 3, 약간 중요 : 2, 중요하지 않음 : 1	[직업명] 프로파일 진로지도에서 자신의 유형의 '선호하는 직업'중에서 5개의 직업을 선택해서 아래의 빈칸에 넣으세요. [평가치] 각각의 직업명에 해당하는 평가치를 '매우 적합: 5', '대체로 적합: 4', '보통: 3', '약간 적합: 2', '적합하지 않음: 1'로 아래 ( )안에 쓰세요. 그리고 왼쪽에 있는 가중치와 평가치를 곱하여 쓰세요. ※ 작성 예 : 가중치(3) × 평가치(4) = 12

가중치	직업명					
성격에 맞는 직업	( )	×( )=	×( )=	×( )=	×( )=	×( )=
가치에 맞는 직업	( )	×( )=	×( )=	×( )=	×( )=	×( )=
흥미에 맞는 직업	( )	×( )=	×( )=	×( )=	×( )=	×( )=
적성에 맞는 직업	( )	×( )=	×( )=	×( )=	×( )=	×( )=
학업에 맞는 직업	( )	×( )=	×( )=	×( )=	×( )=	×( )=
경제적 여건에 맞는 직업	( )	×( )=	×( )=	×( )=	×( )=	×( )=
신체조건에 맞는 직업	( )	×( )=	×( )=	×( )=	×( )=	×( )=
사회적 안정도와 전망에 맞는 직업	( )	×( )=	×( )=	×( )=	×( )=	×( )=
부모님의 선호도	( )	×( )=	×( )=	×( )=	×( )=	×( )=
합 계 (가중치와 평가치를 곱한 수의 합)						

최종선택 직업순위	직업명	관련학과
1		
2		
3		

1
직업 중요도 가중치 점수 기재

매우 중요	5
대체로 중요	4
보통	3
약간 중요	2
중요하지 않음	1

2
프로파일에서 선호하는 직업 5가지 기재

부록 231

매우 중요	5
대체로 중요	4
보통	3
약간 중요	2
중요하지 않음	1

3 평가치의 점수 기재

매우 중요	5
대체로 중요	4
보통	3
약간 중요	2
중요하지 않음	1

3 평가치의 점수 기재

4 왼쪽의 가중치와 적합도 곱함

5 상단의 직업명 중 합계점수가 높은 직업중의 1, 2, 3 순위를 기재

6 해당 관련학과 찾기

부록 233

참고문헌

강수택(1998). 일상생활의 패러다임: 현대 사회학의 이해. 서울: 민음사
강인애(1997). "왜 구성주의인가? 정보화시대의 학습자중심의 교육환경" 서울 : 문음사.
고영인(2000). 상담기초실습 워크북. 서울 : 문음사.
공석영(1998). 생활지도와 상담. 서울 : 동문사.
교육개혁위원회(1995). 신교육체제 수립을 위한 교육개혁방안.
교육개혁위원회(1997). 세계화 정보화를 주도하는 신교육체제수립을 위한 교육개혁 방안(IV). 제 5차 보고서, 15-17.
교육과학사(1988). 최신교육학대사전. 서울 : 교육출판사.
교육부(1998). 새로운 대학입학제도와 교육비전 2002 : 새학교문화창조.
교육학사전 편찬위원회(1980). 교육학대사전. 서울 : 교육출판공사.
구창모(1992). 폭력. 청소년문제론. 서울 : 한국청소년연구원.
권두승(1996). 평생교육론. 서울 : 교육과학사.
권이종(1992). 청소년과 교육병리. 서울 : 양서원
권이종·남정걸(1994). 청소년 교육. 서울 : 한국방송통신대학교출판부.
기영화(1997). 성인교육의 철학적 기초. 서울 : 학지사
김경빈(1993). 청소년의 약물오남용. 서울 : 대한가족계획협회.
김경섭 역(1999). 성공하는 사람들의 7가지 습관. 서울 : 김영사.
김경섭·김원석 역(1999). 성공하는 사람들의 7가지 습관.(S. R. Covey, The

seven habits of highly effective people). 서울 : 김영사

김계현 외(2000). 학교상담과 생활지도. 서울 : 학지사.

김계현(1995). 적용영역별접근 : 상담심리학. 서울 : 학지사.

김계현(1995). 카운셀링의 실제. 서울 : 학지사.

김계현(1996). 상담심리학. 서울 : 학지사.

김계현(2000)외. 학교상담과 생활지도. 서울 : 학지사.

김광일 · 원호택 · 김이영 · 김명정(1983). 고등학교 학생의 정신건강 실태 조사(Ⅰ)

김기정(1984). 학업성취와 지각된 양육태도가 자아개념에 미치는 영향. 중앙대학교 박사학위논문.

김도수(1994). 평생교육. 서울 : 양서원.

김도환(1995). 심리사회적 성숙성 척도의 타당화 연구. 연세대학교 대학원 석사학위논문.

김명희 · 김영천(1998). 다지능이론 : 그 기본 전제와 시사점. 교육과정연구, 16(1), 299-330.

김병성(1993), 교육사회학: 학교사회의 탐구, 서울 : 양서원.

김병성(1994). 교육과 사회. 서울 : 학지사.

김봉환 · 김병석 · 정철영(2000). 학교진로상담. 서울 : 학지사.

김상호, 김기정 역(1990), 인간주의 교육과 행동주의 교육. 서울 : 문음사.

김신일(1983). 청소년 문제의 연구동향. 청소년 문제의 실태와 개선방안 연구. 현대 사회연구소

김신일(1983). 청소년문제의 연구동향. 청소년문제의 실태와 개선방안 연구. 현대사회연구소

김아영(1996). 목표설정이론과 자기효능감. 산업 및 조직심리학회 춘계학술발표대회 논문집, 41-51.

김아영외(1999) 교육심리학. 서울 ; 학문사

김애순·윤진(1999). 청년기 갈등과 자기이해. 서울 : 중앙적성출판사.

김언주(2000). 21C 정보화 사회와 인성교육. 교육심리연구, 제14권 제 1호. 5-17.

김언주·이준현·박정옥(1887). 과학영재의 감성지능(EQ)에 관한 연구. 학회 미간행연구논문. 한국 영재.

김여옥(1992). 심성계발 프로그램 I, II. 서울 : 배영사.

김영채(1990). 측정평가총론. 서울 : 교육과학사

김용래(1994). 교육심리학. 서울 : 교육과학사.

김용식(1997). 평가의 다양한 시각. 초등교과교육학의 평가방향과 탐색. 인천교육대학교 초등교육연구소.

김유배·윤석천(1998). 21세기 직업전망과 직업교육훈련의 방향 : 21세기 직업전망. 개원 1주년 기념 심포지움. 한국직업능력개발원. 1-34.

김윤식·이영석(1984). 삐아제와 유아교육. 서울 : 형설출판사.

김의철·박영신 역(1997). 문화와 사고, 문화심리학 총서1. 서울 : 교육과학사.

김의철·박영신·양계민 역(1999). 자기효능감과 인간행동. 서울 : 교육과

학사.

김인자 역(1998). 좋은 학교. 한국심리상담연구소.

김인자(1996). 당신의 삶은 누가 통제하는가?. 한국심리상담연구소.

김인자(1996). 현실요법과 선택이론. 한국심리상담연구소.

김인자(1996). 현실요법의 적용. 한국심리상담연구소.

김인자 · 우애령 역(1998). 행복의 심리. 한국심리상담연구소.

김재영 · 오세웅 역(1999). 학습혁명(Gordon Dryden & Jeannette Vos, The learning revolution). 서울 : 해냄.

김재은 · 유기섭(1979). 심리검사의 활용. 서울 : 중앙적성연구소.

김정규(1995). 게슈탈트 심리치료. 서울 : 학지사.

김정래(1997). 잘 삶의 개념과 교육. 교육학연구, 제 35권 제 3호, 1-20.

김정환(1999). 신지식 기반 사회에서의 교육심리학 연구의 방향. 교육심리연구. 제 13권 제 4호. 353-370.

김정휘 · 김병선 · 김정인(1995). 여성은 남성과 무엇이 어떻게 다른가. 서울 : 서원

김제한(1994). 교육심리학. 서울 : 서원.

김지은 · 오익수(1999). 'PC통신, 인터넷 이용 및 사이버 상담에 대한 설문조사', "사이버 상담을 통해 본 청소년의 세계." pp.25-52.

김충기(1995). 미래를 위한 진로교육. 서울 : 양서원.

김충기(1996). 생활지도와 상담. 서울 : 교육과학사.

김충기(1999). 진로상담의 이론과 실제. 서울 : 성원사.

김충기(1999). 진로상담의 이론과 실제. 서울 : 성원사.

김충기 · 김현옥 공역(1994). 컴퓨터를 이용한 생활지도, 상담 및 심리치료. 서울 : 성화사.

김태련(1992). 청소년기의 발달과 발달과정. 청소년 심리학. 서울 : 한국청소년연구원

김현수(1996). 성격이 건강을 좌우한다. 서울 : 학지사

김형모(1990). 상담현지로 본 십대들의 고민. 한국청소년연구 제1권 제1호. 한국청소년연구원

김형태(1998). 상담이론과 실제. 서울 : 동문사.

나윤경(1999). 포스트모더니즘과 페미니즘 시각으로 본 Mezirow의 전환학습 이론. Andraogogy Today : 세계성인교육학의 발전과 패러다임. 한국성인교육학회지. 179-217.

남궁달화(1999). 인성교육론. 서울 : 문음사.

도종수(1992). 대중사회와 청소년문제. 청소년문제론. 서울 : 한국청소년연구원

도종수(1992). 사회변동과 청소년 문제. 청소년 문제론. 서울 : 한국청소년연구원

동아일보(1997). 지구촌 인성교육현장(E-mail : newsroom@donga.com)

멀티미디어 교육지원센타(1999). 멀티미디어 교육. 에듀넷 소식, 6, 74-77

문선모(2000). 학생상담. 서울 : 양서원.

민영순(1977). 발달심리학. 서울 : 교육출판사.

박명원(1992). 약물남용. 청소년문제론. 서울 : 한국청소년연구원.

박성수(1991). 생활지도. 서울 : 정민사.

박성수(1994). 상담이론. 서울 : 한국방송통신대학교.

박성익(1986). 학습부진과 교육. 서울 : 한국교육개발원.

박성익(1998). 사이버 세계와 청소년상담. 청소년대화의 광장 : 서울.

박성희(1997). 상담학 연구방법론. 서울 : 양서원

박성희(1999). 상담실 밖 상담이야기. 서울 : 학지사.

박소현□김문수 역(1998). 학습과 행동. 서울 : 시그마프레스

박아청(1995). 성격심리학. 서울 : 교육과학사

박영배(1998). 교육평가 연구의 새로운 동향. 평가방법탐구 : 열린 교과교육적 접근. 서울 : 형설출판사.

박영태(1995). 사라의 학습지도법. 서울 : 학지사

박용헌(1976). 성취인의 심리. 서울 : 배영사(교육신서 20).

박태수(1997). 청소년가치관 정립을 위한 상담, 상담과 지도, 제32호. 한국카운셀러협회.

백순근 편(1998). 수행평가의 이론과 실제. 서울 : 교육과학사

변영계(1999). 교수학습의 이해. 서울 : 학지사

서봉연(1975). 자아정체감에 대한 심리학적 일 연구. 경북대학교 대학원 박사학위논문.

서봉연 · 이순형(1985). 발달심리학: 아동발달. 중앙적성출판사.

서울대학교 교육연구소(1994). 교육학용어사전. 서울 : 하우.

손병길(1997). 교육정보화 정책 동향. 멀티미디어 교육, 1(1997. 12), 31-32.

손정락 역(1995). 성격심리학. 서울 : 교육과학사.

송광성(1992). 학교중퇴. 청소년문제론. 서울 : 한국청소년연구원.

송명자(1995). 발달심리학. 서울 : 학지사

송인섭(1997). 인간이해를 위한 심리학. 상조사

신동로(1994). 교육과정과 교수방법. 서울 : 교육과학사.

심우엽(1999). 다중지능이론과 학교교육의 개선에 관한 연구. 교육학연구, 35(3). 83-96.

심응철(1992). 청소년의 일탈행위와 비행. 청소년 심리학. 서울 : 한국청소년연구원

안범희 역, (1992). 자아개념과 교육. 서울 : 문음사.

안범희(1995). 학습심리학. 서울 : 하우

여광은·전영길·정종진·조인수(1994). 교사를 위한 교육심리학. 서울 : 양서원.

여태철(1999). 성인학습의 전생애발달이론적 정당화, 서울대학교 대학원 박사학위논문.

오경자(1992). 청소년의 정신건강. 청소년 심리학. 서울 : 한국청소년연구원.

유기섭(1993). 교육심리학. 서울 : 동문사.

윤운성(1987). 창의성, 지각향성과 학업성취와의 상관. 석사학위논문, 충남대 교육대학원.

윤운성(1995). 교육심리학. 서울 : 상조사

윤운성(1995). 학습과 동기전략. 서울 : 문음사

윤운성(1996). 가정환경, 자기효능감, 학업성취간의 문화비교연구. 교육심리연구. 교육심리학회, 10권 3호, 159-182.

윤운성 외(1996). 인간이해를 위한 심리학. 서울 : 상조사.

윤운성(1996). 우리아이들 어떻게 키우지요? 서울 : 양서원.

윤운성(1997), 아산시 교육환경의 개선과 사회적 보호, 아산시 시정 자문교수단 학술 세미나 발표, 아산시청, 32-48, 97.12.23

윤운성(1997). 아산시 교육환경의 개선과 사회건설. 시정연구 – 교육, 제1집, 32-48.

윤운성(1997). 현명한 부모 : 발달하는 아이. 서울 : 동문사.

윤운성(1997). 문제행동의 진단과 상담, 충북 단재교육원, 자격연수반 연수교재.

윤운성(1997). 미래사회의 일류대학 일류전략, 선문대신문, 61호.

윤운성(1997). 유아의 생활지도, 충남교원연수원, 자격연수반 연수교재.

윤운성(1998). 자기효능감과 학업성취의 분석적 고찰, 교육학연구, 한국교육학회, 36권 3호, 65-82.

윤운성(1998). 자녀행동수정 4단계. 서울 : 양서원

윤운성(1998). 성격을 알면 성공이 보인다. 서울 : 학지사.

윤운성(1998). 청소년 문제해결을 위한 지역사회와의 협력방안, 선문대학교 사회과학논집, 제1권 1호, 175-194

윤운성(1998). 자기효능감과 학업 성취의 분석적 고찰. 교육학연구. 제 36권

제 3호. 65-82.

윤운성(1998). 자기효능감과 그 교육적 시사, 교육연구 14집, 공주대 교육연구소. 83-108.

윤운성(1998). 청소년 문제해결을 위한 지역사회와의 협력방안, 선문대학교 사회과학논집, 제1권1호, 175- 194.

윤운성(1998). 새 학교문화 창조를 위한 공청회 : 단위학교의 책임경영, 무엇을 어떻게 할 것인가? 충청남도교육청, 42-47.

윤운성(1998). 자기효능감 연구의 분석과 연구의 동향. 교육심리학회소식. 제3권 제2호. 3-14.

윤운성(1998). 미래교육과 새로운 학교문화 건설 교육발전을 위한 정책 토론회 기조강연, 충남포럼.

윤운성(1998). 읽기 성취와 독자의 심리적 요인과의 상관, 교육심리연구, 한국교육심리학회 제 12권 12호.

윤운성(1999). 말썽꾸러기 학교보내기. 주택은행 사보

윤운성(1999). 사회인지이론. 새교육, 4월호, 교육신문사, 100-107.

윤운성(1999), 새교육이론: 사회인지이론. 월간 새교육, 한국교육신문사, 99년 4월호(통권 536호), 99-107.

윤운성(1999). 문화와 성인학습의 생활화. Andragogy Today. 한국성인교육학회. 1(1). 62-103.

윤운성(1999). 선진국의 인성교육, 새학교문화 창조를 위한 교육공동체 구축, 충남교육청(임해수련원) 학부모 및 지역인사 연수, 강사요원

연수회, 63-82.

윤운성(1999), 새교육이론 : 자기조절학습. 월간 새교육, 한구교육신문사, 99년 10월(통권 540호), 30-34

윤운성(1999). 사회인지이론. 새교육. 통권 536호. 99-107.

윤운성(1999). 에니어그램 성격유형론 탐구. 교육연구, 제15집, 공주대 교육연구소, 100-121.

윤운성(1999). 부모의 기대가 자녀의 자기효능감에 미치는 영향에 관한 연구. 교육심리연구. 제13권 4호, 247-268.

윤운성(1999). 자기조절학습. 새교육. 통권 540호. 30-34.

윤운성(1999). 심성계발 프로그램, 중등 인성(생활)지도교사 일반연수교재, 충남교원연수원, 35-46.

윤운성(2000). 성인학습과 발달: 교육심리학적 시각. 한국교육심리학회 추계학술대회 발표.

윤운성(2000). 청소년 인성교육론 소고, 학생생활연구, 제3집, 선문대학교, 25-43.

윤운성(2000). 21세기 청소년 인성교육론, 대하 김관회교수 정년기념논문집, 559-586.

윤운성(2000). 기업경쟁력 향상을 위한 성격유형검사의 개발과 적용, 천안상공회의소.

윤운성(2000). 에니어그램 성격유형론 고찰, 전국대학교 학생생활연구소장협의회, 113-132.

윤운성 외 역(2001). 성공하는사람의 성격관리 : 에니어그램을 통한 자기분석. 서울 : 학지사.

윤운성 저 (2003) 생활지도와 상담. 서울 : 양서원

윤현석(1997). 감성 지능과 창의성의 관계에 관한 연구. 충남대학교대학원 박사학위논문

윤희준(1977). 인성심리입문. 서울 : 교육출판사.

이돈희(1974). 교육과학의 논리. 서울 : 교육출판사.

이명숙(1997). 새로운 평가 대안으로서의 포트폴리오. 석문주 외. 학습을 위한 수행평가. 서울 : 교육과학사.

이민규(1998). 생각을 바꾸면 세상이 달라진다. 서울 : 양서원.

이민태(1976). 윤리와 윤리교육. 서울 : 배영사.

이상로 변창진, 김경린(1981). TAT성격진단법. 서울 : 중앙적성연구소

이상오(1996). Spranger의 문화인간학적 시각에서 본 성인교육의 가능성. 교육학연구, 제 34권 제 5호, 한국교육학회, 445-464.

이상호(2001). 생활지도의 실제. 초 · 중등교사 상담전문과정 직무연수 교재. 선문대학교 사회교육원. 27-38.

이성수(1963). 창의성사고에 관한 연구. 중앙교육연구소 조사연구 제 21집, p. 220.

이성진(1994). 교육심리학서설. 서울 : 교육과학사.

이성진 · 김계현(1999). 교육심리학의 새로운 쟁점과 이론. 서울 : 교육과학사

이성호(1999). 교수방법론. 서울 : 학지사.

이순묵 · 이동희(1999). 학교장면에서의 실제적 지능. 교육심리연구. 제 13권 제 1호. 307-330.

이신동(2000). 자기조절학습의 적성-처치 상호작용 효과. 한국교육심리학회 추계학술발표.

이연섭(1999). 교육개혁에 대한 교육심리학적 질문. 교육심리연구. 제 13권 2호. 한국교육심리학회 연차 학술대회. 1-11.

이영 역(1995). 인간발달 생태학. 서울 : 교육과학사.

이영덕 · 정원식(1991). 생활지도의 원리와 실제. 서울 : 교육과학사.

이영숙(1992). 성문제. 청소년문제론. 서울 한국청소년연구원.

이장호(1984). 상담심리학입문. 서울 : 박영사.

이장호(1999). 상담심리학기초. 서울 : 학문사.

이장호 · 김정희(1992). 현대심리치료. 중앙적성출판사.

이재규, 서재현 역(1998). 미래의 조직. 서울 : 한국경제신문사.

이재연 · 김영숙(1993) 역. 아동을 위한 상담이론과 방법. 서울 : 교육과학사.

이재창(1988). 생활지도. 서울 : 문음사.

이재창(1995). 자기성장과 인간관계. 서울 : 한국가이던스

이종승(1984). 교육연구법. 서울 : 배영사.

이종승(1995). ACT의 학업성취검사와 직업흥미검사. 교육발전논총 제17권 제1호. 충남대학교 교육발전연구소

이종원(1992). 흡연과 음주. 청소년문제론. 서울 : 한국청소년연구원.

이종한 · 김혜숙(1997). 한국인의 지역공동생활과 주관적 안녕감. 한국심리

학회지 : 사회문제, 제3권 1호, 19-37

이지연(1999). 성인진로개발을 위한 신 직업교육. Andragogy Today. 한국성인교육학회. 2(2). 105-130.

이형득 외(1984). 상담의 이론적 접근. 서울 : 형설출판사.

이형득(1994). 상담이론. 서울 : 교육과학사.

이형행 역(1989). 교육적 사회론-The educative community. 서울 : 양서원.

이홍우(1982). 인지학습의 이론. 서울 : 교육출판사.

임은미(1999). '사이버 상담의 현황과 발전방안', "사이버 상담을 통해 본 청소년의 세계". pp7-20.

장석민(1974). 학업성취와 자아개념간의 관계연구, 한국교육학회, 교육학연구, 제12권 제13호, pp. 63-73.

장원섭(1999). 포스트모던 시대의 직업교육의 재개념화. 서울 : 한국성인교육학회. 한국여성연구회 여성사분과 편(1992). 한국여성사. 서울 : 풀빛

장진호(1980). 현대사회와 인간교육. 서울 : 배영사.

장휘숙(1993). 자기효율성의 특성에 관한 관련연구의 개관. 한국심리학회지: 발달, 6, 16-2

장휘숙(1995). 일반적 자기효율성과 특정과제에 대한 자기효율성 및 그 관련변인에 관한 연구. 한국심리학회지 : 발달, 8, 120-135.

정동섭(1993). '청소년상담의 특징을 위한 역기능 가정의 이해', 상담과 지도, 28. p64

정미경(1999). 자기조절학습과 학업성취의 관계에 관한 구조모형 검증. 박사학위논문, 숙명대학교 대학원

정범모(1974). 교육과 교육학. 서울 : 배영사.

정범모(1996). 교육개혁과 교육평가의 과제. 한국교원단체총연합회 & 한국교육평가연구회 학술세미나 학술논문집, 3-13.

정세구(1980). 가치, 태도교육의 이론과 실제. 서울 : 배영사.

정원식 · 박성수(1994). 카운셀리의 원리. 서울 : 교육과학사.

정인성 · 나일주(1994). 최신교수설계이론. 서울 : 교육과학사.

정정옥(1995). 자기조절학습이 정상아와 학습장애아의 학업성취에 미치는 영향. 박사학위논 문. 서울여자대학교 대학원.

정종진(1999). 교육평가의 이해. 서울:양서원

조현춘 · 조현재(1996). 심리상담과 치료의 이론과 실제. 서울 : 시그마프레스.

조형(1988). 남성지배문화의 극복과 인간다운 삶. 지배문화 남성문화 – 또 하나의 문화, 제4호, 서울 : 청하

중앙일보(1999.9.22). 요즘 부모-자녀 '더 높아진 문화의 벽'. kyoung@joongang.co.kr

진미석(1999). 평생학습사회체제와 성인을 위한 진로지도.

차재호 · 나은영 역(1995). 세계의 문화와 조직. 서울 : 학지사

청소년 대화의 광장(1993). 청소년 흡연행동 : 습관형성 과정, 실태, 대책. 청소년상담의 특징 문제 보고서5. 서울 : 청소년 대화의 광장.

최운실(1995). 학습하는 사회와 학습하는 인간. 교육학연구. 제 33권 제 2호,

235-254.
최유현(1998). 실과교육을 위한 수행평가의 이론적 탐색과 전략. 박영배 외, 평가방법탐구 : 열린 교과교육적 접근. 서울 : 형설출판사.
최윤진(1992). 청소년과 가치관. 청소년문화론. 서울 : 한국청소년연구원.
최윤진(1998). 청소년문화 연구의 동향과 과제. 청소년학연구. 한국청소년학회. 63-80.
최충옥(1992). 가정과 청소년문제. 청소년문제론. 서울 : 한국청소년연구원.
최충옥(1992). 학교와 청소년문제. 청소년문제론. 서울 : 한국청소년연구원.
켈러, 송상호(1999). 매력적인 수업설계. 서울 : 교육과학사.
표갑수(1993). 중.고등학생의 중퇴원인과 대책. 청소년학 연구 제1권 제1호. 한국청소년학회.
하대현(1999). H. Gardner의 다지능이론의 교육적 적용 : 그 가능성과 한계. 교육심리연구. 12(1), 107-100.
한국교육학회(1996). 인간과 교육. 서울 : 문음사.
한국교육학회(1999). 인성교육. 서울 : 문음사.
한국노동연구원(1998). 21세기의 화이트칼라 유망직종 50선.
한국직업능력개발원 역(1999). 21세기 직업을 위한 21세기 직업능력. 연구자료 99-1, 한국직업능력개발원.
한국진로교육학회(2000). 진로교육의 이론과 실제. 서울 : 교육과학사.
한국청소년개발원(1993). 청소년문제론 : 청소년 지도총서. 3, 서울 : 서원.
한국청소년개발원(1995). 인간관계수련활동. 서울 : 서원

한국청소년단체협의회(1996). 오늘의 청소년. 1996년 11월호. 한국청소년단체협의회.

한승호·한성열(1998) 역. 칼 로저스의 카운셀리의 이론과 실제. 서우 : 학지사.

한종철(1992). 교육심리학. 서울 : 양서원.

한준상(1999a). 성인교육 패러다임의 탐구론. 성인교육학회지. 한국성인교육학회. 2(1), 5-35.

한준상(1999b). 호모 에루디티오. 서울 : 학지사

한준상(2000). 청소년학 연구. 서울 : 연세대학교 출판부.

한충효(1990). 교육심리학의 구조탐구. 서울 : 교육과학사.

허경철(1991). Bandura의 자기효능감 발달이론과 자주성함양을 위한 교수-학습 방법. 한국교육, 18, 67-84.

현정환(1992). 유아의 efficacy예측과 원인귀속의 관련성에 관한 검토. 한국심리학회지: 발달, 5, 177-190.

홍강의(1992). 청소년의 정서장애. 청소년문제론. 서울 : 한국청소년연구원.

홍성욱(1999). 인터넷 홈페이지를 통한 청소년 사이버 상담의 가능성 탐색 연구. 우석대학교, 석사학위논문.

홍숙기(1994). 일과 사랑의 심리학 : 남자와 여자의 생활환경과 행복. 서울 : 나남출판사.

황기우 역(1998). 21세기 교사의 역할. 서울 : 원미사.

황리리(1996). 컴퓨터 통신 이용에 나타난 청소년 하위문화 특성. 한양대학

교석사학위 논문

황응연(1984). 현대생활지도. 서울 : 교육출판사.

황응연 · 윤희준(1983). 현대생활지도론. 서울 : 교육출판사.

황정규(1985). 학교학습과 교육평가. 서울 : 교육과학사.

황정규(1994). 학교학습과 교육평가. 서울: 교육과학사.

황정규(1998). 교육심리학의 교육현장 적용과 과제. 교육심리연구, 제 12권 2호. 27-34.

황정규(2000). 현대 교육심리학의 쟁점과 과제. 교육과학사.

Allport, G. W.(1937). Personality : A psychological interpretation. N.Y. : Holt, Rinehart & Winstion.

Ames, C. (1990). Motivation : What teachers need to know. Teachers College Record, 91, 409-421.

Ames, C. (1992). Classrooms : Goals, structures, and student motivation. Journal of Educational Psychology, 84, 261-271.

Ames, C., & Ames, R.(1984). Systems of student and teacher motivation : Toward a qualitiative defintion. Journal of Educational Psychology, 76(4), 535-556.

Ames, C., & Savell, K.(1986). Parents' (and children's) beliefs about the role of ability and effort in school learning. Paper presented at the anual

meeting of the American Eudcational Research Association, San Fransisco.

Anastasi, A.(1982). Psychological testing(5th ed.). N.Y. : Macmillan.

Anderson, J. R.(1974). Retrieval of propositional information from long-term memory. Congnitive Psychology, 6, 451-474.

Anderson, R.C.(1984). Some reflections on the acquition of knowledge. Educational Researcher, 13(9), 5-10.

Archambault, R. D.(Ed.)(1964). John Dewey on education. Chicago : University of Chicago Press.

Ary, D., Jacobs, L.C., & Razavieh, A.(1985). Introductuction to research in education(3rd ed.). New York : CBS College Publishing.

Ashlacher,. P.R.(1991). Performance assessment : State activity, interest, and concerns. Applied Measurement in Education, 4, 275-278.

Association for Supervision and Curriculum Development, 1962.

Ausubel, D.P.(1963). The psychology of meaningful verbal learning. New York : Grune & Stratton.

Ausubel,D.P.(1968). Educational psychology, N.Y. : Holt, Rinehart, & Winston.

Ausubel. D.P.(1968). Educational psychology : A congnitive view. New York: Holt, Rinehart & Winston.

Babcock, Dorothy E., Transactional analysis, American journal of nursing,

July, 1976.

Baldwin, A. L.(1980). Theories of development (2nd, ed.). New York : Wiley.

Baltes, P. B. (1987). Theoretical propositions of life-span developmental psychology : on the dynamics between growth and decline. Developmental Psychology, 23(5), 611-626.

Bandura, A.(1965). Influence of models' reinforcement contingencies on the acquisition of imitative responses. Journal of Personality and Social Psychology, 1, 589-595.

Bandura, A. (1977). Self-efficacy: Toward a unifying theory of behavioral change. Psychological Review, 84, 191-215.

Bandura, A.(1977). Social learning theory. Englewood Cliffs, NJ : Prenticw-Hall

Bandura, A. (1978). Reflections on self-efficacy. Advances in Behavioral Research and Therapy, 1, 237-269.

Bandura, A. (1984). Recycling misconceptions of perceived self-efficacy. Cognitive Therapy and Research, 8, 231-255.

Bandura, A. (1986). Social foundations of thought and action : A Social cognitive theory. Englewood Cliffs, NJ: Prentice-Hall.

Bandura, A.(1986). Social foundations of thought and action : A social cognitive theory. Englewood Cliffs, NJ: Prentice-Hall.

Bandura, A. (1995). Self-efficacy in changing societies, New York : Cambridge University Press.

Bandura, A. (1993). Perceived self-efficacy in cognitive development and functioning, Educational Psychologist, 28(2), 117-148.

Bandura, A. (1995). Self-efficacy in changing societies, New York : Cambridge University Press.

Bandura, A., Ross, D., & Ross, S. A.(1961). Transmission of aggression through imitation of aggressive models. Journal of Abnormal and Social Psychology, 63, 575-582.

Bandura, A., Ross, D., & Ross, S. A.(1963). Imitation of film-mediated aggressive models. Jouranl of Abnormal and Social Psychology, 66, 3-11.

Bandura, A., Schunk, D. H.(1981). Cultivating competence, self-efficacy, and intrinsic interest through proximal self-motivation. Journal of Personality and Social Psychology, 41, 586-598.

Barbara F. Okun(1976). Effective helping : Intervieaing and Counseling technigues. Nassach : Duxbury Press.

Barhric, H. P.(1984). Semantic memory content in permastore : Fifty years of memory for Spanish learned in school. Journal of Experimetal Psychology: General, 113, 1-29.

Barron, F.(1969). Creative Person and Creative Process. N.Y. : Holt, Rinehart

& Winston.

Bartlett, F. C.(1932). Remembering. London : Cambridge University Press.

Basow, S. A., & Howe, K. G.(1979). Model influences on career choices of college students. Vocational Guidance Quarterly, 27.

Beck, A. T.(1976). Cognitive therapy and the emotional disorders. N.Y. : Meridian.

Beck, A. T., Rush, A. J., Shaw, B. F., & Emery, G.(1979). Cognitive therapy of depression. N.Y. : Guilford Press.

Beck, I. L., & Mckeown, M. G.(1988). Toward meaningful accounts in history texts for young learners. Educational researcher, 47(6), 31-39.

Bell-Gredler, M. E. (1986). Learning and Instruction. New York : Macmillan Publishing Company.

Bem, S. L.(1974). The measurement of psychological androgyny. Journal of Counseling and Clinical Psychology, 42, 155-162.

Bem, S. L.(1975). Sex role of adaptability : One consequence of psychological androgyny. Journal of Personality and Social Psychology, 31, 634-643.

Berk, E., & Leong, A.(1995). Scaffolding children's learning : Vygotsky and early childhood education. Washington, DC : NAEYC. 홍용희 역 (1995). 어린이의 학습에 비계설: Vygotsky와 유아교육. 서울: 창지사.

Berk,L.(1989). Child Development. Needham Height, MA : Allyn and Bacon

Berlinger, D. C., & Calfee, R. C. (1996). Handbook of educational psychology. New York: MacMillan.

Berlyne, D. E. (1965). Motivation problems raised by exploratory and epistemic behavior. In S. Kock(Ed.), Psychology : A study of a science(Vol. 5). New York: McGraw-Hill.

Bernard, H. S.(1981). Identity formation in late adolescence : A review of some empirical findings. Adolescence, 16, 349-358.

Berne, E.(1964). Games People Play. N.Y. : Grove Press.

Berne, E.(1966). Principles of Group Treatment. N.Y. : Oxford University Press.

Berne, E., Transactional analysis in psychotherapy. N.Y. : Grove Press, 1961.

Biehler, R.F., & Snowman, M.G.(1990). Psychology applied to teaching. Hillside, New Jersey: Lawrence Erlbaum Associates, Inc., Publishers.

Blocher, D. H.(1966). Developmental counseling. N.Y. : Ronald Press.

Bloom, B,(1976). Human Characteristics and School Learning, New York: McGraw-Hill,

Bluemthal, A. L.(1979). The founding father we never knew. Contemporary Psychology, 24. pp 547-550.

Boldizar, J. P.(1991). Assessing sex-typing and androgyny in children : The children's sex-role inventory. Developmental Psychology, 27, 505-

515.

Bower, G. H., Clark, M. C., Lesgold, A.M., & Winzenz, D.(1969). Hierarchical retrieval schemes in recall of categorized word lists. Journal of Verbal Learning and Verbal Behavior, 8, 323-343.

Bracht, G., & Glass, G. V. (1968). The external validity of experiments. American eudcaitonal Research Journal 5. 437-474. in D. Ary, L.C. Jacobs, & A. Ravavieh.(1985). Introduction to research in education(3rd ed.). New York: CBS College Pubkishing. P 265-268.

Brammer, L.(1973). The Helping Relationship. Englewood Cliffs, N.J. : Prentice-Hill.

Branasford, J.(1979). Human congnition: Learning, understanding, and remem- bering. Belmont, CA: Wadsworth.

Branasford, J.(1979). Human congnition: Learning, understanding, and remem- bering. Belmont, CA: Wadsworth.

Braun, C. (1976). Teacher expectation: Sociopsychological dynamics. Review of Educational Research, 46(2), 185-212.

Bronfenbrenner, U. (1977). Toward an experimental ecology of human development. American Psychologist, 32, 513-531.

Brookfield, S. D.(1991). Facilitating adult learning. In S. B. Merriam & P. M. Cunningham(Eds.), Handbook of adult continuing education. 201-210. San Francisco: Jossey-Bass.

Brookover, W. B., Paterson, A. & Thomas, S.(1962). Self-concept of ability and schoolachievement. East Lansing, Michigan: Michigan State University.

Brophy, J.(1981). Teacher praise: A functional analysis. Review of Educational Research, 51, 5-32.

Brophy, J. (1983). Conceptualizing student motivation. Educational Psychologist, 18(3), 200-215.

Brophy, J. (1987). Synthesis of research on strategies for motivation students to learn. Educational Leadership, 40-48.

Bruner, J. E. (1960). The process of education. New York: Vintage Books.

Bruner, J. E. (1966). Toward a Therory of instruction. New York: Norton.

Bruner, J. E. (1971). The relevancel of Education. New York: Norton.

Bruner, J.S.(1966). Toward a theory of instruction. New York: Norton.

Bruno, F. J.(1983). Adiustmeut and Persaual Growth : Seven Pathways. N.Y. : John Wiley and Sous.

Caffarella, R. S. (1993). Self-directed learning. New Directions for Adult and Continuing Education, 57, 47-56.

Cantor, G. N. M., Dunlap, L. L., & Rettie, C. S.(1982). Effects of reception anddiscovery instruction on kindergartner's performance on probability tasks. American Educational Research Journal, 19(3), 453-463.

Carkhuff, R. R., Pierce, R. M., & Cannon, J. R. The art of helping Ⅲ. Amherst, MA : Human Resources Development Press.

Carroll, J. B. (1963). A model of school learning. Teachers College Record, 723-733.

Cattell, R. B.(1963). The fluid and crystallized intelligence: A critical experiment. Journal of Educational Psychology, 54, 1-22.

Cella, D. F., DeWolfe, A. S., & Fitzgibbon, M.(1987). Ego identity status. Identification, and decision- making style in late adolescence. Adolescence, 22, 849-861.

Chapman, E. N.(1976). Career search : A Personal Pursuit. Chicago : Science Research Associates.

Chauhan, S. S.(1979). Advanced educational psychology. New Delhi: Vikas Publishing House PVT LTD in 유기섭(1993), 교육심리학, 서울:동문사.

Clark, B.(1983). Growing up gifted(2nd ed.). Columbus, OH: Merrill.

Cole, P. (1992). Constructivism revisited. Educational Technology, Feb., 21-34.

Coleman, J. S. et al.(1966). Equality of educational opportunity. Superintendent of Documents Catalog No. FS5. 238 : 38001, Washington, D. C. : Government Printing Office.

Coon, D.(1985). Essentials of Psychology: Exploration and Application.

Corey, S. M. (1967). The Nature of Instruction. In P. C. Lange(Ed), Programmed Instruction. The Sixty-Sixth Yearbook of the National Society for the study of Education. Chicago: University of Chicago Press.

Corno, L. (1992). Encouraging students to take responsibility for learning and performance. The Elementary School Journal, 93, 69-84.

Corno, L., & Mandinach, R. J. (1990). The role of cognitive engagement in classroom learning motivation. Educational Psychologist, 18(2), 88-108.

Crites, J. O.(1981). Career counseling : Models, methods, and materials. N.Y. : Mcgraw-Hill.

Crokett, L. J., & Peterson, A. C.(1987). Pubertal status and psychosocial development : Findings from the early adolescence study. In R. M. Lerner & T. L. Foch(Eds.), Biological psychosocial interactions in early adolescence. Hillsdale, NJ : Erlbaum.

Cronbach, L. J.(1984). Essentials of Psychological testing(4th ed.). N.Y. : Harper & Row.

Dacey, J. & Travers, J. (1991). Human Development: Across the lifespan. Dubuque, IA: Wm.C. Brown Publishers.

Darwin, C.(1972). The expression of emotion in man and animals. N.Y. : Philosophical Library.

Davis, A.(1977). Literature review of selected peer program evaluations. Harrisburg, PA : Governor,s Council on Drug and Alcohol Abuse.

Davis, G.A., & Houtman, S.E.(1968). Thinking creatively: A Guide to training imagination. Madison: Wisconsin R & D Center for Cognitive Learning. In 김용래(1994). 교육심리학. 서울: 문음사.

Decker, L. E.(1975). People helping people : An overview of community education. Michigan : Publishing Company.

Dilley, J. S.(1967). Decision-making : A dilemma and a purpose for counseling. Parsonnel and Guidance Journal, 45.

DiSibio, M.(1982). Memory for connected discourse: A constructiveist view. Review of Educational Research, 52(2), 149-174.

Dolye, W. (1983). Academic work: Review of Educatuonal Research, 53, 159-200.

Duffy, T. M. & Jonassen, D. J(1991). Constructivism: New implication for instructional technology, Educational Technology, May, 7-10.

Dweck, C. S.(1986). Motivational processes affecting learning. American Psychologist, 41(10), 1040-1048.

Dweck, C., Davidson, W., Nelson, S., & Enna, B.(1978). Sex differences in learned helplessness, II: The contingencies fo evaluative feedback in the classroom, and III: An experimemtal analysis. Developmental Psychology, 14, 268-276.

Ebel, R. L.(1965). Measuring educational achievement, Englewood Cliffs, N.J.: Prentice-Hall, Inc., 338.

Eccles, J. , & Wigfield, A. (1985). Teacher expectations and students motivation. In Dus다 (Ed.), Teacher expectations (pp.185-226). Hillsdale, NJ:Erlbaum.

Eggen, P.D., & Kauchak, D.(1992). Educational Psychology: Classroom connections. New York: Macmillan Publishing Company.

Elkind, D.(1967). Egocentrism in adolescence. Child Development, 38, 1025-1034.

Elkind, D., & Bower, R.(1979). Imaginary audience behavior in children and adolescents. Developmental Psychology, 15, 38-44.

Ellis, A.(1973). Humanistic Psychotherapy : The rational emotive approach. N.Y. : Julian Press, 1973.

Ellis, A., A weekend of rational encounter, In A. Burton(Ed.), Encounter. San Francisco : Jossey-Bass, 1969, 112~127.

Encyclopedia of Eduactional Research(1968). Macillan(Frorth.ed.).267-275.

Engler, B.(1979). Persouality Theories. Boston : Noughton Nifflin Cowpany. Froehlich, C. P, Guidance Services in Smaller School. N.Y. : McGrwa Hill, 1950.

Enright, J.B.(1970). An Introduction to gestalt techniques, In J. Fagan, & I. L. Shepherd(Eds.), Gestalt therapy. N.Y. : Harper & Row.

Epstein, J. L. (1989). family structure and student motivation. In R.E. Ames & C. Ames(Eds.), Research on motivation in education: Vol 3. Goals and cognitions (pp.259-295). New York: Academic Press.

Erikson, E. H.(1963). Childhood and society (2nd ed.). New York: Norton.

Erikson, E. H.(1968). Identity : Youth and crisis. N.Y. : Norton.

Ermalinski, R., & Ruscelli, V.(1971). Incorporation of values by lower and middle socioeconomic class preschool boys. Child Development, 42.

Feather, N., ed. Expectations and actions. HIllsdale, N.J.: Erlbaum.

Fincham, F., & Cain, K.(1986). Learned helpessness in humans: A developemtal analysis. Developmental Review, 6, 25-86.

Flavell, J. H.(1976). Metacognitive aspects of problem solving. In L. B. Resnick(Ed.), The nature of intelligence. Hillsdale, NJ: Erlbaum.

Flores, T. R., & Olsen, L. C.(1967). Stability and realism of occupational aspiration in eighth and twelfth grade males. Vocational Guidance Quarterly, 16.

Foreman, Milton(1967). T-Groups : their implications for counselor supervision and preparation, Counselor education and supervision.

Foulkes, S. H.(1965). Therapeutic group analysis. N.Y. : International Universities Press.

Frederiksen, N.(1984). Implications of cognitive theory for instruction in problem solving. Reviewof Educational Research, 54(3),363-408.

Froehlich, C. P.(1950). Guidance services is smallerschool. N.Y. : McGraw-Hill.

Gagne, R. M. & Briggs, L. (1977).` J. Principle of instruction design(2nd ed.). New York: Holt, Rinehart & Winston

Gagne, R. M.(1970). The conditions of learning(2nd ed). N.Y.: Holt, Rinehart and Winston.

Gagne, R. M.(1974). Essentials of learning for instruction. Hinsdale, Ill.: Dryden Press.

Gagne, R. M.(1985). The conditions of learning (4th ed.). New York: Holt, Rinehart & Winston.

Garder, H. (1983). Frames of mind: The theory of multiple intelligence. New York: Basic Books.

Garder, H. (1993). Multiple intelligence: The theory in practice. New York: Basic Books.

Gasper, T. H., & Omvig, C. P.(1976). The relationship between career maturity and occupational plans of high school juniors. Journal of Vocational Behavior, 9.

Gazda, G. M.(1971). Group counseling : A developmental approach. Boston : Allyn and Bacon.

Gazda, G. M., Ducan, J. A., & Meadows, M. E.(1967). Counseling and group procedurces : report of a survey. Counselor education and

supervision.

George, R. L., & Cristiani, T.S.(1981). Theory, methods, and processes of counseling and psychotherapy. Englewood Cliffs, NY:Prentice-Hall.

Gibson, R, L., & Mitchell, M. H.(1990). Introduction to counseling and guidance(3rd ed.). N.Y. : Macmillan.

Gibson, R. L. Future directions for snhool guidance programs, Viewpoints, 1978, 54(No. 1).

Gibson, R. L., & Mitchell, M. H.(1981). Introduction to guidance. N.Y. : Macmillan.

Gibson, R. L., Mitchell, M. H., & Higgins, R. E.(1983). Development and Management of Counseling Programs and Guidance services. N.Y. : Macmillan. Co.

Gick, M. L.(1986). Problem-solving strategies. Educational Psychologist, 21(1,2). 99-120.

Gilligan, C.(1982). In A different voice : Psychological theory and women's Development. Cambridge, MA : Harvard University Press.

Gilliland, B. E., James, R. K., Roberts, G.T. & Bowman, J.T.(1984). Theories and Strateqies in Coun- seling and Psychotherapy. Englewood Cliffs : NY. Prentice-Hall, Inc.Prentice-Hall, Inc.

Gilly, J. W., & Maycunich, A. (1998). Strategically integrated HRD. Reading, MA: Addison-Wesley.

Glaser, R.(1962). Psychology and instructional technology, in R. Glaser (ed)., Training research and education. Pitts.: Univ. of Pitts. Press.

Glasser, W.(1965). Reality therapy. N.Y. : Harper & Row.

Goldstein, A. J., & Wolpe, J., Behavior therapy in Groups. In H. I. Kaplan & B. J. Sadock(Eds.), Comprehensive group psychotherapy, Baltimore : Williamsand Wilkins Co., 1971.

Goldstein, A.(1973). Behavior therapy. In R. Corsini(Ed.), Current psychotherapies. Itasca, Illinois : F.E. Peacock, 1973.

Goleman(1995). Emotional Intelligence. N.Y. : Harper & Row.

Goleman, Daniel.(1995). Emotional intelligence. N.Y. : Bantam Books.

Good, T. L.(1987). Two decades of research on teacher expectations: Findings and future directions. Journal of Teacher Education, 38(4), 32-47.

Gordon, W.W.(1961). Synectics-The development of creative capacity. New York: Harper & Row, In 이성호(1994), 교수방법의 탐구, 서울: 양서원.

Gough, P. B.(1987). The key to improving schools: An interview with William Glasser. Phi Delta Kappan, 68(9), 656-662.

Gowan, J.C. (1972). Development of the creative individual. San Diego: Rovert R. Knapp.

Granott, N. (1998). We learn, therefore we develop: Learning versus development or developing learning? In Smith, M. C., & Pourchot,

T. (1998). Adult learning and development. Mahwah, NJ: Lawrence Erlbaum Associates, Inc.

Gribbons, W. D., & Lohnes, P. R.(1965). Shifts in adolescents vocational values. Personnel and Guidance Journal, 44.

Grinder, R. E. (1989). Educational Psychology: The master science. In M.C. Wittrock & F. Farley(Eds.), The future for educational psychology(pp. 3-18). Hillsdale, NJ: Erlbaum.

Gronlund, N. E., Linn, R. L. (1990). Measurement and evaluation in teaching(6th ed.). New York: Macmillan Publishing Co.

Guilford, J. P. & Hoefner, R.(1971). The Analysis of Intelligence. N.Y. : McGraw-Hill Book Co.

Guilford, J. P. & Merrifield, P. R.(1960). The Structure of Intellect Model. University of California.

Hall, G. S.(1904). Adolescence.(2 vols.). N.Y. : Appleton-Centry-Crofts.

Hansen, J. C., Warner, R. W., & Smith, E. J.(1980). Group counseling : Theory and process. Chicago : Rand McNally, 1967, 7.

Harlow, H. F. (1958). The nature of love. American Psychologist, 13. 637-685.

Harris, K. R.(1990). Developing self-regulated learners: The role of private speech and self-instructions. Educational Psychologist, 25(1). 35-49.

Harris, T. A.(1969). I,m ok, you,re ok : a practical guide to transa ctional

analysis, N.Y. : Harper & Row.

Hatfield, T.(1981). Deliberate psychologicl education revisited : A conversation with Norman Sprinthall. Parsonnel and Guidance Journal, 62, 294-300.

Havighurst, R. J.(1972). Developmental tasks and education(3rd ed.). N.Y. : Mckay.

Hawley, R. C., & Hawley, I. I.(1975). Human values in the classroom : A handbook for teachers. N.Y. : Hart.

Heinich, R. (1984). The proper study of instructional technology. ECTJ, 32(2). 67-87.

Herman, Achlbacher, & Wintes(1992). A Practical guide to alternative assessment. VA: Association for Supervision and Curriculum Development.

Heward, W. L., Orlansky, M. D.(1988). Exceptional Children. Columbus, Ohio: Merrill Publishing Company.

Hiatt, D. B.(1979). Time allocation in the classroom: Is instruction being short changed? Phi Delta Kappan, 61(4), 289-290.

Hibbard, K. M. (1996). A teacher's guide to performance-based learning and assessment(Eds.). VA: Association for Supervision and Curriculum Development.

Hollander, J. W.(1972). Differential parental influlences on vocational interest

development in adolescent males. Journal of Vocational Behavior, 2, 67-76.

Howard, K. W.(1989). A comprehensive expectancy motivation model: Implications for adult eduation and training. Adult Education quarterly, 39(4), 199-210.

Howard, K. W.(1989). A comprehensive expectancy motivation model: Implications for adult education and training. Adult Education quarterly, 39(4), 199-210.

Howe, L. W., & Howe, M. M.(1975). Personalizing education : Values clarification and beyond. N.Y. : Hart.

Hoyt, K. B.(1974). An introduction to career education. Policy paper of the U. S. Office of Education. Washington, DC : Department of Health, Education and Welfare.

Huston-Stein, A., & Bailey, M. M. (1973). The socialization of achievement orientation in females. Psychological Bulletin, 80, 345-366.

Hutchins, D. E. & Cole, C. G.(1977). A model for improving middle school students' imterpersonal relations, The School Counselor.

Ivey, A. E., & Alschuler, A. S.(1973). An introduction to the field. Personnel and Guidance Journal, 51, 591-597.

Ivey, A.(1991). Developmental strategies for helpers : Individual, family, and network interventions, Pacific Grove, CA : Brooks/Cole.

Jacklin, C.N., Dipietro, J. A., & Maccoby, E. E.(1984). Sex-typing behavior and sex-typing pressure in child-parent interactions. Sex Roles, 13, 413-425.

Jacob, P. E.(1957). Changing values in college. N.Y. : Harper & Row.

Jencks, C.(1972). The Coleman report and conventional wisdom, in F. Mosteller and D. Kerensky, V. M.(1975), "The educative community", in the ecology of education : community. The National Elementary Principal, 54 : 3,43-47.

Jenson, A.(1969). How much we can boost IQ and scholastic achievement? Harvard Educational Review. 1-123.

Johnson, D. W.(1990). Reaching out : International effectiveness and self-actualization(4th ed.). Englewood Cliffs, NJ : Prentice-Hall.

Johnson, D. W., & Johnson, R. T.(1987). Learning together and alone: Cooperative, competive, & individualistic learning(2nd ed.). Englewood Cliffs, NJ: Prentice-Hall.

Johnson, R. E.(1975). Meaning in complex learning. Review of Educational Research, 45(3), 425-460.

Jones, A. J., Stefflre, B., & Stewart, N.(1970). Principles of guidance (6thed.).New York:McGraw-Hill.

Judd, C. H.(1936). Educational psychology. NY: Houghton Mifflin.

Kagan, J.(1966). Personality behavior and temperament. In F, Falkner(Ed.),

Human Development. Philadelphia: W. B. Saunders Company

Kahas, C. D.(1970). Education and personal development. In B. Shertzer & S. C. Stone(Eds.), Introduction to guidance : Selected reading(pp.59-71). Boston : Houghton Mifflin.

Kail, R.(1984). The development of memory in children(2nd ed.). San Francisco: Freeman.

Keller, J. M. (1987). Motivational design. In R. McAleese & D. Unwin(Eds.), Encycolpedia of educational media, communications and technology. westport, CT: Greenwood Press

Kerlinger, N. (1973). Foundations of behavioral research, 2nd ed. New York: Holt, Rinehart and Winston.

Kimble, G., & Garmezy, N.(1963). Principles of general psychology(2nd ed.). N.Y.: The Ronald Press.

Klatzky, R. L.(1980). Human memory: Sturctures and processes(2nd ed.). San Fransisco: Freeman.

Klausmeier, H. J., & Goodwin, W.L(1975). Learning and Human abilities: Educaroinal psychology(3rd ed.). N.Y.: Harper & Row.

Knapp, L., & Michael, W. B.(1980). Relationship of work values to corresponding academic success. Educational and Psychological Measurement, 40, 487-494.

Knowles, M. S.(1975). Self-directed learning: A guide for learners and teachers. Chicago, IL: Follett Pub. Co.

Kohlberg, L., & Mayer, R.(1972). Development as the aim of education. Harvard Educational Review, 42, 449-496.

kolb, D.(1965). Achievement motivation training for under chieving high school boys. Journal of Personality and Social Psychology, 789-792.

Krumboltz, J. D.(1966). Revolutoin in counseling, Boston : Houghton Mifflin, 1966.

Kubiszyn, T., & Borich, G.(1990). Educational testing and measurement: classroom application and practice. Harper Colooins Publishers.

Kuhl, J. (1984). Volitional aspects of achievement motivation and learned helplessness: Toward a comtemporary theory of action-control. In B. A. Maher (ed.). Progress in Experimental Personality Research, 13, 99-171. New York: Academic Press.

Lazarus, A.A.(1968). Behavior therapy in groups, In G. H., Gazda(ed.), Basic approaches to group psychotherapy and group counseling. Springfield, I11 : Charles C. Thomas.

Lerner, M (1991). Changing organism context relations as the basic process of development : A developmental-contextual perspective. Developmental Psychology, 27, 27-32.

Levinson, D. (1978). The seasons of a man's life. N.Y: Knopf.

Linder, R. W., & Harris, B. R. (1992). The development and evaluation of a

self-regulated leaning inventory and its implications for instructor-independent instruction. (ERIC Document Reproduction Service No. ED 349010).

Loftus, E. F., & Loftus, G. R.(1980). On the permanence of stored information on the human brain. American Psychologist, 35, 409-420.

Luft, J.(1969). Of human interaction. Palo Alto, CA : National Press.

Luvin B. & Eddy, W. B., "The lavoratory training model : rationale, method, and some thoughts for the future," In R. T. Golembiewski & A. Blumberg(Eds.), Sensitivity training and the laboratory approach(2nd ed.), Itasca, I11. : F. E. Peacock, 1973.

Maccoby, E. E., & Jacklin, C. N.(1974). The psychology of sex differences. Stanford, Ca : Stanford University Press.

Mace, F. C., Belfior, P. J. & Shea, M. C. (1989). Operant theory and research on self-regulation. In B. J. Zimmerman & D. H. Schunk (Eds.). Self-regulated learning and academic achievement: Theory, research, and practice. New York: Springer-Verlag.

Macia, J. E.(1988). Identity and intervention. Journal of Adolescence, 12, 401-410.

Mackay, W. R., & mILLER, C. A.(1982). Relations of socioeconomic status and sex variables to the complexity of worker functions in

the occupational choice of elementary school children. Journal of Vocational Behaviror, 20, 31-39.

MaCombs, B. L. (1986). The role of self-system in self-regulated learning. Contemporary Educational Psychology, 11, 314-332.

Maehr, M.(1982). Motivational factors in school achievement. Paper commissioned by the National Commission on Excellence in Education (NIE 400-81-0004, Task 10.

Mahler, C. A.(1969). Group counseling in schools, Boston : Houghton Mifflin, 1969.

Marcia, J. A.(1966). Development and validation of ego identity status. Journal of Personality and Social Psychology, 3, 176-183.

Marcia,J.E.(1967). Ego identity status: Relationship to change in self-essteem, "general adjustment," and authoritarianism. Journal of personality, 35(1), 119-133.

Mashall, J.C., & Hales, L.W.(1972). Essentials of testing. London: Addison-Wesley Publishing.

Maslow, A. (1976). Education and peak experience: In Scholsser. C. D. (1976), The Person in Education: A Humanistic approach, New York: Macmillan.

Maslow, A.H.(1970). Motivation and personality (2nd ed.). Princeton, NJ:Van Nostrand.

Mathewson, R. H.(1962). Guidance policy and practice. N.Y. : Harper & Brothers.

Mayer, C. R.(1970). Jouranl citations and scientific eminence in comtemporary psychology. American Psychologist, 25, 1041-1048.

Mayer, J. D. & Salovey P.(in press). Emotional Intelligence. N.Y. : Basic Books.

Mayer, R. E. (1992). Cognition and Instruction: Their historic meeting within Educational psychology. Journal of Educational Psychology, Vol. 84, No. 4, 405-412.

McClelland, D. C.(1965). Toward a theory of motive acquisition. American Psychologist. 321-333.

McNamara, K.(1992). Depression assessment and intervention : Current status and future directions. In S. D. Brown, & R. W. Lent.(Ed.), Handbook of counseling psychology. pp.691-718. N.Y. : Wiley.

Meece, J. L., Wigfield, A., & Eccles, J.S.(1990). Predictors of math anxiety and its influence on young adolescents' course enrollment intentions and performance in mathematics. Journal of Eudational Psychology, 82, 60-70.

Meerbach, J. C.(1978). The career resource center. N.Y. : Human Services Press.

Mercer, J. (1973). Labeling the mentally reatard. Berkeley: University of

California Press.

Merrian, S. B. & Brockett, R. G. (1997). The profession and practice of adult education: An introduction. San Francisco: Jossey-Bass Publishers.

Mezirow, J.(1991). Transformative dimensions of adult learning. San Francisco: Jossey-Bass.

Michaels, J. W.(1977). Classroom reward structures and academic perfromance. Review of Educational Research, 47, 87-98.

Miller, P. H.(1983). Theories of developmental psychology. San Francisco: Freeman.

Morgan, M.(1984). Reward-induced decrements and increments in intrinsic motivation. Review of Educational Research, 54(1), 5-30.

Mosher, R., & Sprinthall, N.A.(1971). Deliberate psychological education. Counseling Psychologist, 2(4), 3-82.

Mouly, J.(1970). Psychology of effective teaching. Holt, Rinehart and Winston.

Murray, H. A.(1938). Explorations in personality. N.Y.: Oxford University Press.

Myers, J. E.(1992). Wellness, Prevention, Development : The Cornerstone of the Profession, Journal of Counseling and Development, 71, 136-139.

Nafziger, D, H., Holland, J. L., Helms, S. T., & Mcpartland, J. M.(1974).

Applying an occupational classification to the work histories of youngmen and women. Journal of Vocational Behavior, 5, 331-345.

Neisser, U.,(1967). Cognitive psychology. New York: Appleton-Century-Crofts.

Newman, R. S.(1990). Children's help-seeking in the classroom: The role of motivational factors and attitudes. Journal of Educational Psychology, 82, 71-80.

Noramn, D. A., & Bobrow, D. G.(1975). On data-limited and resourcelimited processes. Cognitive Psychology. 7, 44-64.

Norris, W., Hatch, R., Engelkes, J. R., & Winborn, B. B.(1979). The Career Information Service(4th ed.). Chicago : Rand McNally, & Company.

Notterman, J. M., & Drewry, H. N. (1993). Psychology and Education. New York: Plenum Press.

Okun, B. F.(1976). Effective helping : Interviewing and counseling techniques. North Scituate, Massach : Duxbury Press.

O'leary, K. D., Kaufman, K. F., Kass, R. E., & Drabman, R. S.(1970). The effects of loud and soft reprimands on the behavior of disruptive students. Exceptional Children, 37, 145-155.

Ormrod, J. E.(1990). Human Learning: Theories, principles, and educational applications. Columbus, Ohio: Merrill Publishing Company.

Osipow(1996). Theories of Career Development(4th ed). Prentice-Hall

Palincsar, A., & Brown, A.L.(1984). Reciprocal teaching of comprehension-fostering and comprehension-monitoring activities. Cognition and Instruc- tion, 1(2), 117-175.

Paris, S.G., & Oka, E.R.(1986). Children's reading strategies, metacognition, and motivation. Developmetal Review, 6, 25-56.

Paris, S.G., Cross, D.R., & Lipson, M.Y.(1984). Informed strategies for learning: A program to improve children's reading awareness and comprehension. Jouranl of Educational Psychology, 76(6), 1239-1252.

Patterson, C. H.(1980). Theories of Counseling and Psychitherapy(3rd ed.). N.Y. : Harper & Row Publishers.

Patterson, C. H.,(1977). An Intoduction to Counseling in the school, New York:Harper and Row Publishers.

Penfield, W.(1958). Some mechanisms of consciousness discovered during electrical stimulation of the brain. Proceedings of the National Academy of Sciences, 44, 51-66.

Perry, W.G.(1970). Forms of intellectual and ethical development in the college years. N.Y: Holt.

Peterson, A. C.(1993). Creating adolescents : The role of context and process in developmental trajectories. Journal of Research on Adolescence, 3, 1-18.

Piaget, J.(1966). Psychology of Intelligence, Totowa, NJ : Littlefield, Adams & Co.

Pietrofesa, J. J. Hoffman, A., Splete, H., and Pinto, D.,(1978). Counseling Theory, Research, and Practice. Chicago : Rand McNally.

Pietrofesa, J. J., Bernstein, B,. Minor, J., & Stanford, S.(1980). Guidance : An introduction. Chicago : Rand McNally.

Pintrich, P. R., & De Groot, E. V. (1990). Motivational and self-regulated learning comments of classroom academic performance. Journal of Educational Psychology, 82, 33-40.

Pintrich, P. R., & Schunk, D. H.(1995). Motivation in education: Theory, research, and applications. Englewood Cliffs, NJ: Prentice Hall.

Prager, K. J., & Freeman, A.(1979). Self-esteem, academic competence, educational aspiration and curriculum choice of urban community college students. Journal of College Student Personal., 20, 392-397.

Purkey, W. W.(1971). Self-concept and achievement. Englewood Cliffs, N.J.: Prentice-Hall.

Raths, O. E., Harmin, M., & Simon, S. B.(1978). Values and teaching : Working with values in the classroom. Coumbus, OH : Charles E. Merrill.

Reigeluth, C. M., & Merrill, M.D. (1978). A knowledge base for improving our methods of instruction. Educational Psychologist, 13, 57-70.

Reigeluth, C. M., & Merrill, M.D. (1979). Classes of instructional variables. Educational Technology, March,5-24.

Reimer, J., Paolitto, D.P., & Hersh, R.H. (1983). Promotion moral growth: From Piaget to Kohlberg. Prospect Heights, IL: Waveland Press, Inc. 49-53.

Resnick. L. B.(1987). Learning in school and out. Educatioal Researcher, 16(9), 13-20.

Rodes, M. An Analysis of Creativity, In E.P. Torrance(1960). Condition for creative Growth. Minneapolis: Burean of Educational Research University of Minnesota.

Roeber, E.C., Smith, G.E. and Erickson, C. E.(1965). Organization and Administration of Guidance Services, N.Y. : McGraw-Hill.

Rogers, C. R.(1961). Client-centered Therapy. Boston : Houghton Mifflin.

Rogers, C. R.(1961). On Becoming a Person. Boston : Houghton Mifflin.

Rogers, C. R.(1962). Toward becomings a fully functioning person, In A. W. Combs(Ed.), Perceiving, behaving, becoming, Washington, D. C. : Yearbook Association for Supervision and Curriculum Development.

Rogers, C. R.(1970). Encounter groups. N.Y. : Harper & Row, 1970.

Rogers, C. R., Toward becomings a fully functioning person, In A. W. Combs(Ed.), Perceiving, behaving, becoming, Washington, D. C.:Yearbook

Roider, A., & Van Houten, R.(1985). Movement suppression time-out for undesirable behavior in psychotic and severely developmentally delayed children. Journal of Applied Behavior Analysis, 18, 275-288.

Rosenthal, R., Jacobson, L.(1968). Pygmalion in the classroom: Teacher expectation and pupils' intellectual development. New Yourk: Holt, Rinehart & Wilston.

Salovey, P., & Mayer, J. D. (1989-1990). Emotional intelligence: Imagination, cognition and personality, Vol. 9(3). 185-121.

Sampson, J. P., & Loesch, L. C.(1981). Relationship among work values and jop knowledge. Vocatioal Guidance Quarterly, 2y, 229-235.

Samuels, S. J. & Turnure, J. E. (1974). Attention and reading achievement in first-grade boys and girls. Journal of Educational Psychology, 66,29-32.

Santrock, J. W.(1990). Adolescence. Dubuque, IA: Wm. C. Brown Pubkishers.

Santrock, J. W.(1990). Adolescence. Dubuque. IA : Wm. C. Brown Publishers.

Scarr, S., & Carter-Saltzman, L.(1982). Genetics and intelligence. In R. Sternberg (Ed.)., Handbook of Human intelligence, New York: Cambridge University Press.

Schaie, K. W. (1979). The primary mental abilities in adulthood: An

exploration in the development of psychometric intelligence. In P. B. Baltes(1987), Theoretical propositions of life-span developmental psychology: on the dynamics between growth and decline. Developmental Psychology, 23(5), 611-626.

Schon, D.(1983). The reflective practioner. New York: Basis Book

Schunk, D. H. (1984). Self-efficacy perspective on achievement behavior. Educational Psychologist, 19, 48-58.

Schunk, D.(1985). Self-efficacy and school learning. Psychology in the schools, 22, 208-223.

Schwebel, A. L. & Cherlin, D. L.(1972). Pysical and social distancing in teacher-pupil relationships. Journal of Educational Psychology, 63, 543-550.

Seligamn, M., & Maier, S.(1967). Failure to escape traumatic shock. Journal of Experimental Psychology, 74,1-9.

Senge, P.A., Kleiner, et al(1994). The fifth discipline: The art and practice of the learning organization. New York: Doubeday.

Shackleton, V., & Fletcher, C.(1984). Individual Differences: Theories and applications. New York, N. Y.: Methuen Publishing Co.

Shaffer, B. P. & Galinsky, M. D., Models of group therapy and sensitibity training. Englewood Cliffs, New Jersey : Prentice-Hall, Inc., 1974.

Shappell, D. L., & Hall, L. G.(1971). Perceptions of the world of work.

Journal of Counseling Psychology, 18, 55-59.

Shertzer, B., & Stone, S. C.(1981). Fundamentals of guidance(4th ed.). Boston : Houghton Mifflin.

Shertzer, B., & Stone, S.(1976). Fundamentals of Guidance(3rd. ed.). Boston : Houghton Mifflin.

Shulman, L.(1987). Knowledge and teaching: Foundations of the new reform. Harvard Educational Review, 19(2). 4-14.

Silberman, C.(1966). Technology is knocking at the schohouse door. Fortuen, 74, 120-125.

Simon, S., Howe, L., & Kirschenbaum, H.(1978). Values clarification : A practical handbook of strategies for teachers and students(2nd ed.). N.Y. : Hart.

Singer, S. L., & Stefflre, B.(1954). Age differences in jop values and desires. Journal of Counseling Psychology, 1, 89-91.

Skinner, B. 1971. Beyond freedom and dignity. New York: Bantam.

Skinner, B. F. (1984). The evolution of behavior. Journal of Experimental Analysis of Behavior, 41, 217-21.

Skinner, C. E.(1958). Essentials of educational psychology. N.Y.: Prentice-Hall.

Skovholt, T.(1977). Issues in psychological education. Personnel and Guidance Journal, 55, 472-476.

Slavin, R. E. (1995). Cooperative learning(2nd ed.). Boston: Allyn & Bacon.

Slavin, R.(1983). Cooperative learning. New York: Longman.

Slavson, S. R.(1964). A textbook in analytic group psychotherapy. N.Y. : International University Press.

Spielberger, C. D.(1975). Anxiety: State-trait process. In C.D. Spielberger, & I.G. Sarason(Eds.), Stress and anxiety, Vol. 1, Washington, D.C.: Hemisphere, pp.33-48.

Sprinthall, N. A.(1973). A curriculum for secondary schools : Counselors as teacgers for psychological growth. The School Counselor, 20, 361-369.

Sprinthall, N. A., & Sprinthall, R. C.(1987). Educational psychology: A developmental approach (4th ed.). New York: Random House.

Standing, L., Conecio, J., & Jaber, R.(1970). Perception and memory for pictures: Single trial learning of 2500 visual stimuli. Psychonomic Science, 19, 73-74.

Stephens, J. M.(1956). Educatinal psychology (2nd). New York: Holt, Rinehart & Winston.

Sternberg, R. J.(1982). Reasoning, problem solving, and intelligence. In R. J. Sternberg(Ed.), Handbook of human intelligence, Cambridge: Cambridge University Press.

Sternberg, R. J.(1985). Beyond IQ: A Triarchic framework for intelligence.

New York: Cambridge University Press.

Sternberg, R. J.(1988). The triacrchic mind: Conceptions of the nature of intelligence. Cambridge, England: Cambridge University Press.

Sternberg, R. J.(1988). The triarchic mind. New York: Viking Penguin.

Sternberg, R. J.(1996). Successful intelligence. New York: Simon & Schuster.

Sternberg, R. J., & Berg, C. A.(1992). Intellectual development. New York: Cambridge University Press.

Sternberg. R. (1988). The triarchic mind: A new theory of human intelligence. New York: Viking Penguin Inc.

Stipek, D. J.(1988). Motivation to learn: From theory to practice. Needham Heighs, MA: Allyn and Bacon.

Strauss, M. A., Gelles, R. J., & Steinmetz, S. K.(1980). Behind closed doors: Viloence in the American family. Garden City, NY: Doubleday.

Super, D. E.(1974). Vocational meturity theory : Toward implementing a psychology of careers in career education and guidance. In D. E. Super(Ed.), Measuring vocational maturity for counseling and evaluation(Chap.1)(pp.9-21). Washington, DC : American personnel and Guidance Association.

Thomas, H. B.(1974). The effects of social position, race, and sex on work values on ninth-grade students. Journal of Vocational Behavior, 4, 357-364

Thorndike, E.L.(1906). The principles of teaching based on psychology. Sysracuse, NJ: Mason-Henry Press.

Thorndike, R., & Hagen, E.(1977). Measurement and evaluation in psychology and education (4th ed.). New York: Macmillan.

Torrance, E. P. (1977). Creativity in the classroom, What research says to the teacher series. Washington, D.C.: National Education Association, pp 23-27.

Torrance, E. P.(1970). Creative Learning and Teaching, N.Y. : Harper and Raw Publishers.

Tosi, D. J.(1974). Youth : Toward Personal Growth, Columbus. Ohio : Charles E. Merril.

Treffinger, D. J.(1986). Research on creativity. Gifted Child Quarterly, Vol. 30. 15-19.

Tronick, E. Z. (1992). Introduction: Cross-cultural studies of development. Developmental Psychology, 28(4), 566-567.

Truax, C.B., & Carkhuff, R.R.(1967). Toward effective counseling and Psychotherapy.

Tulving, E., & Pearlstone, Z.(1966). Availability vs. accessibility of information in memeory for words. Journal fo Verbal Learning and Verbal Behavior, 5, 381-391.

Tulving, E., Psotka, J.(1971). Retroactive inhibition in free recall:

Inaccessibility of information available in the memory store. Journal of Experimental Psychology, 87, 1-8.

Turner, J. S., & Helms, D. B.(1987). Lifespan Development. Orlando, FL: Holt, Rinehart and Winston, Inc.

Tyler, L. E.(1969). The work of the counselor(3rd ed.). N.Y. : Appleton-Century-Crofts.

Van Hestern, F. & Ivey, A. E.(1990). Counseling and Development : Toward a New Identity for a Profession in Transition, Journal of Counseling and Developmant, 68, 524-528.

Vener, A.M., & Snyder, C.A.(1966). The preschool child's awareness and anticipation of adult sex-roles. Sociometry: A Journal of Research in Social Psychology, 29, 159-168.

Vygotsky(1978). Mind in society: The development of higher psychological process. Cambridge, SMA: Harvard University Press. Gardner, H. (1983). Frames of mind: The theory of multiple intelligence. New York: Basic Books.

Wagman, M.(1965). Sex and age differences in occupational values. Personnel and Guidance Journal, 44, 258-262.

Wechsler, D.(1974). Manual for the Wecgsler Intelligence Scale for Children. N.Y. : Psychological Corporation.

Wechsler,D.(1975). Intelligence defined and undefined: A relativistic appraisal.

American Psychologist, 30, 135-139.

Weiner, B.(1979). A theory of motivation for some classroom experiences. Journal of Educational Psychology, 71, 3-25.

Weiner, B.(1985). An attribution theory of achievement motivation and emotion, Psychological Review, 92, 548-573.

Weiner, B., Russell, D., & Lerman, D.(1979). Cognition-emotion process in achievement-related contexts. Jouranl Personality and Social Psychology, 37, 1211-1220.

Weinstein, C. E. (1994). Learning strategies and learning to learn. Encyclopedia of Education.

Wertheimer, M.(1962). On creative thinking, In J.W. Getzwls & P.W. Jackson. Creative intelligence. N.Y.: Yohn Willey & Sons, Inc., pp. 79~87.

Westbrook, B. W., & Parry-Hill, J. W.(1973). The measurement of cognitive vocational maturity. Journal of Vocational Behavior, 3, 239-252.

William Glasser(1984). Control Theory. Harper & Row.

Wilson, J. A. R., Robeck, M. C., & Michael, W. B.(1969). Psychological foundations of learning and teaching. N.Y.: McGraw-Hill.

Wittmer, J., & Myrick, R. D.(1980). Facilitative teaching : Theory and practice(2nd ed.). Pacific Palisades, CA : Goodyear.

Wittrock(1970). Focus on educational psychology. In H.F. Clasrizio, et al

(eds.). Contemporary Issues in Educational Psychology. Boston: Allyn & Bacon.

Wittrock, M.C.(1992). An empowering conception of educational psychology. Educational Psychologist, 27, 129-141.

Wolf, D. P(1989). Portfolio assessment: Sampling student work. Educational Leadership, 46(7), 35-39.

Wolfolk, A. E.(1990). Educational Psychology. Englewood Cliffs, New Jersey: Prentice-Hall, Inc.

Wong, B.Y.L.(1985). Self-questioning instructional research: A review. Review of Educational Research, 55(2), 227-268.

Wood, D. A.(1960). Construction, Columbus, Ohio.: Charles, E. Merrill Books Inc.

Woolfolk, A. E. (1987). Educational psychology. Englewood Cliffs, NJ: Prentice-Hall.

Wrenn, C. G.(1962). The counselor in a changing world. Washington, DC : American Personnel and Guidance Association.

Wubboiding E. R.(1988). Using Reality Theory. Harper & Row.

Yelon, S.L. & Weinstein, G.W.(1977). A Teacher's World: Psychology in the classroom, New York: MaGraw-Hall, In

Youn, Yun-Sung,(1993). Academic achievement of Asian-American students: Relating home environment and self-efficacy. Doctoral dissertation.

Memphis State University.

Zeller, A.F.(1950). An experimental analogue of repression. II. The effect of individual failure and success on memory measured by relearning. Journal of Experimental Psychology, 40, 411-422.

Zimmerman, B, J. & Martinez-Pons. M. (1990). Student differences in self-regulated learning: Relating grade, sex, and giftedness to self-efficacy and strategy use. Journal of Educational Psychology, 82, 51-59.

Zimmerman, B. J. (1995). Attaining reciprocality between learning and developmental through self-regulation. Human Development, 38, 367-372.

Zimmerman, B. J., & Martinez-Pons, M.(1990). Student differences in self-regulated learning: Relating grade, sex, and giftedness to self-efficacy and strategy use. Journal of Educational Psychology, 1, 51-59.

Zirin, G.(1974). How to make a boring thing more boring. Child Development, 45, 232-236.

편저자 소개 윤운성

경력

- 미국 멤피스대학교 대학원(U. of Memphis) 교육심리상담전공(교육학 박사)
- 미국 Riso's Enneagram Institute에서 Training Part 이수 /미국 Daniels & Palmer's Authentic Enneagram에서 Enneagram Professional Training Program 이수
- 미국 워싱톤대학교(U. of Washington) 연구교수

- 한국에니어그램학회 회장
- 한국에니어그램교육연구소장
- 한국교육심리학회 부회장
- 한국대학상담학회 이사
- 한국성인교육학회 감사
- 전)학생생활연구소장
- 전)선문대학교 입학홍보처장
- 전)입학관리처장
- 현)학생지원처장
- 선문대학교 상담산업심리학과 교수

주요저서

- Academic achievement of Asian-American students: relating home environment and selfefficacy(1993)
- 교육학개론(공저, 양서원, 1994)
- 학습과 동기전략(문음사, 1995)
- 교육심리학(상조사, 1995)
- 우리 아이들 어떻게 키우지요?(양서원, 1996)
- 인간이해를 위한 심리학(공저, 상조사, 1996)
- 현명한 부모: 발달하는 아이(역, 동문사, 1997)
- 자녀행동수정 4단계(양서원, 1998)
- 성격을 알면 성공이 보인다: 9가지 성격의 발견(역, 학지사, 1998)
- 발달심리(교육아카데미, 1988)
- 교육심리용어사전(공저, 서울: 학지사,1999)
- 기업경쟁력 향상을 위한 성격유형검사의 개발과 적용(천안상공회의소, 2000)
- 생활지도와 상담(양서원, 2001)
- 교육의 심리적 이해(양서원, 2001)
- 교육의 심리적 이해(양서원, 2001)
- 에니어그램 : 성공하는 사람의 성격관리(공역, 학지사,2001)
- 한국형 에니어그램 성격유형검사(한국에니어그램교육연구소, 2001)
- 자기효능감과 변화하는 사회(공역, 학지사, 2002)
- 에니어그램 정복: 하위유형, 날개, 화살표(역, 학지사,2002)

- 필수 에니어그램 : 정확한 성격 검사 및 자기발견 가이드(역, 학지사, 2002)
- 에니어그램의 이해와 적용(공편, 학지사, 2003)
- 에니어그램 2 : 내안에 접혀진 날개 속편(역, 열린, 2003)
- 에니어그램과 인간관계(한국에니어그램 교육연구소, 2003)
- 에니어그램 지능: 효과적인 수업과 학습을 위한 성격의 이해(공역, 교육과학사, 2003)
- 한국형에니어그램검사의 해석과 활용(한국에니어그램교육연구소, 2004)
- 최강팀 만들기 : 팀워크 에니어그램(흐름출판, 2005)
- 성공적인 자녀교육을 위한 9가지 성격(역, 한국에니어그램 교육연구소, 2008)
- 에니어그램과 12단계(공역, 한국에니어그램교육연구소, 2012)
- 에니어그램 성격유형(공역, 학지사, 2010)
- 지금 이 순간을 자각하라 (역, 한국에니어그램교육연구소, 2012)
- 에니어그램 사회(역, 한국에니어그램교육연구소, 2012)
- 한국형에니어그램 용어사전(공저, 한국에니어그램교육연구소, 2012)
- 에니어그램과 진로지도(공저, 한국에니어그램교육연구소, 2012) 등 논문다수

한국에니어그램 교육연구소 교육과정

단계	단계명칭	교육목표 / 교육내용	시간	부여자격
1단계	에니어그램 이해 '나를 찾아 떠나는 여행'	• 한국형에니어그램검사 • 에니어그램 성격이론 및 구조 • 유형별 특징 · 날개 · 분열 및통합 개관	10시간 (매월)	한국형 에니어그램 (검사지)사용 자격부여
2단계	에니어그램 탐구 '나의 길을 따라가는 여행'	• 9유형 세부적 특징 • 날개, 분열, 통합, 성장 • 자아의식 및 행동방식(공격, 순응, 후퇴)	10시간 (매월)	
3단계	에니어그램 적용 '너와 내가 함께하는 여행'	• 하위유형(본능동기) • 유형별 유사점 및 차이점, 성장전략 • 에니어그램과 인간관계 　(아동/청소년, 조직, 리더십)	10시간 (매월)	한국형 에니어그램 일반강사 자격부여
4단계	에니어그램 평가 '통합으로 가는 여행'	• 관련이론과의 비교 및 포괄성 (성격유형론, 프로이드, 신프로이드, 융, DSM-IV) • 의식수준/양육과 발달적 접근 • 에니어그램분석/윤운성 연구결과 • 비디오상영/본질적 접근	16시간 (연4회)	
심화단계	심층 에니어그램 의식수준 '여기 그리고 지금'	• 자아집착 • 부모의 양육과 아동의 초기경험 • 의식수준 유형별 심층적 분석 • 유형별 체험을 통한 진정한 자기발견 • 패널의 경험 모두 나누기 • 유형별 노래명상 • 여기 그리고 지금	32시간 (연2회)	4단계 이수자 전문강사자격 필수과정
5단계	에니어그램 supervision '가르치며 배우는 여행'	• 에니어그램 supervision • 전문강사 지도자훈련(panel 교육) • 자기관찰 훈련 • 방어기제 체험 • 영적 성장을 위한 체험	32시간 (연1회)	한국형 에니어그램 전문강사 자격부여

검사지 신청

- 한국형에니어그램검사지 : 1set 30,000원(10부)　　• 한국형 프로파일/응답지 : 1set 25,000원(10부)
- 청소년용 프로파일/응답지 : 1set 30,000원(10부)　• 진로및학습유형 프로파일/응답지 : 1set 30,000원(10부)
- 한국형에니어그램 단계별 교재 : 각각의 단계교육 이수자 이상 판매
- 한국형검사지 및 프로파일 / 응답지는 10부 단위로 판매됩니다.
  - 11만원 이하 발송비 주문자 부담 - 50만원 이상 5% D/C　　- 100만원 이상 10% D/C - 부가가치세 별도
- **구입문의 : (02)3446-3165**
  1. 검사지 및 프로파일/응답지는 한국에니어그램교육연구소에서 1단계 이상 수료하신 회원들이 구입하여 사용할 수 있습니다.
  2. 현재 한국형에니어그램검사(성인용, 청소년용), 프로파일/응답지(성인용, 청소년용)는 저작권이 등록되어 있으며 불법으로 복제하면 법에 의해 처벌을 받습니다.

한국에니어그램교육연구소 단계별 교재 및 참고서적

단계	단계명칭	참 고 서 적	저 자
1단계	에니어그램 이 해	- 성격을 알면 성공이 보인다. (역, 학지사, 1998) - 에니어그램의 이해와 적용 (공저, 학지사, 2002) - 한국형 에니어그램 성격검사 [성인용(KEPTI) / 청소년용(KEPTI-J)] - 한국형에니어그램 해석과 활용(2004) - 에니어그램으로 본 다문화세상 (공저, 양서원, 2011) - 한국형에니어그램 용어사전 (한국에니어그램교육연구소, 2012)	윤운성 윤운성 외 윤운성
2단계	에니어그램 탐 구	- 에니어그램 정복 : 자기발견을 통한 자기완성의 길잡이(역, 학지사, 2002) - 성공적인 자녀양육을 위한 9가지 성격 (한국에니어그램교육연구소, 2008) - 한국형에니어그램 용어사전 (한국에니어그램교육연구소, 2013 예정) - 에니어그램과 12단계-강박의 극복 : 삶을 위한 영적 도구 (공역, 한국에니어그램교육연구소, 2012)	윤운성 윤운성 윤운성 외 윤운성외
3단계	에니어그램 적 용	- 에니어그램 : 성공하는 사람의 성격관리 (공역, 학지사, 2001) - 에니어그램과 인간관계 (한국에니어그램교육연구소, 2003) - 최강팀 만들기 : 팀워크 에니어그램 (공역, 흐름출판, 2005) - 에니어그램으로 본 다문화세상 (공저, 양서원, 2011) - 한국형에니어그램 사례집 (한국에니어그램교육연구소, 2012) - 한국형에니어그램 용어사전 (한국에니어그램교육연구소, 2013 예정) - 에니어그램 사회 (역, 한국에니어그램교육연구소, 2012)	윤운성 외 윤운성 윤운성 외 윤운성 윤운성
4단계	에니어그램 평 가	- 필수 에니어그램 : 정확한 성격유형검사로 자기발견 및 자기성숙에 이르는 가이드 (역, 학지사, 2002) - 한국형에니어그램 용어사전 (한국에니어그램교육연구소, 2012) - 에니어그램 사회 (역, 한국에니어그램교육연구소, 2012)	윤운성
심화 단계	심 충 에니어그램 의 식 수 준	- 에니어그램의 이해와 적용 (공저, 학지사, 2002) - 에니어그램 성격유형 (공역, 학지사, 2009) - 성공적인 자녀양육을 위한 9가지 성격 (한국에니어그램교육연구소, 2008) - 한국형에니어그램 용어사전 (한국에니어그램교육연구소, 2013 예정) - 에니어그램 사회 (역, 한국에니어그램교육연구소, 2012) - 지금 이 순간을 자각하라 (역, 한국에니어그램교육연구소, 2012) - 에니어그램과 12단계 - 강박의 극복 : 삶을 위한 영적 도구 (공역, 한국에니어그램교육연구소, 2012) - 한국형에니어그램 1단계 교안 (한국에니어그램교육연구소, 2012)	윤운성 윤운성 외 윤운성 윤운성 외 윤운성 윤운성 윤운성외

단계	단계명칭	참고서적	저자
5단계	에니어그램 Supervision	- 에니어그램 2 : 내안에 접혀진 날개 후편 (역, 열린,2003) - 에니어그램 지능 : 효과적인 수업과 학습을 위한 성격의 이해 (공역, 교육과학사, 2003) - 에니어그램 성격유형(공역, 학지사, 2009) - 한국형에니어그램 용어사전 (한국에니어그램교육연구소, 2013 예정) - 에니어그램과 12단계-강박의 극복: 삶을 위한 영적 도구 (공역, 한국에니어그램교육연구소, 2012) - 에니어그램 사회(역, 한국에니어그램교육연구소, 2012) - 한국형에니어그램 사례집 (한국에니어그램교육연구소, 2012) - 한국형에니어그램 2단계 교안 (한국에니어그램교육연구소, 2012)	윤운성 윤운성 외 윤운성 외 윤운성 외 윤운성 외 윤운성

청소년	리더십
	진로교육
	자기주도
	학습
	가족상담
		• 에니어그램과 진로지도 (한국에니어그램교육연구소,2012)
		• 대학생을 위한 진로포트폴리오 (한국에니어그램교육연구소,2012)
		• 청소년상담가이드 '한국형에니어그램 진로 및 학습유형검사 적용' (한국에니어그램교육연구소,2013)
		• 한국형에니어그램 직업 및 학과 사전
		  '한국형에니어그램 진로 및 학습유형검사 적용' (한국에니어그램교육연구소,2013)
		• 한국형에니어그램 청소년 학습 명상북
		  '성장과 치유를 위한 힐링 명상' (한국에니어그램교육연구소,2013)
			윤운성

한국형에니어그램 자기주도학습플래너

1. 에니어그램의 지혜를 바탕으로 한 철저한 자기인식을 바탕으로 한다.
2. 학습플래너를 이용하여 계획을 세우고 실천하며 평가하는 학습과정을 습관화하여 시간을 효율적으로 활용하여 자기주도 학습능력을 향상 할 수 있다.
3. 시간계획을 체계적으로 세우지 못하는 학생들에게 가장 기본적으로 자신에게 맞는 시간계획을 작성하여 활용할 수 있게 한다.
4. 기존의 단순한 플래너처럼 시간계획을 적는 것이 아니라 보다 넓은 안목을 가지고 자신의 미래를 설계하는 장기적인 계획을 세우게 한다.
5. 학습관리 성공의 가장 중요한 것은 실천이다. 실천을 관리하기 위해 지속적인 관리가 필요하다. 이 모든 과정을 선생님과 부모님과 함께하면서 피드백 강화를 통해 실천력을 기른다.
6. 디자인이 지루하지 않고 참신하며 감각적이라 학생들이 들고 다니며 자신에 대해 성찰하는 하나의 또 다른 친구가 될 수 있다.
7. 추천도서 및 자신의 친구 멘토등을 적어보고 나누는 또 다른 소통의 장이 될 수 있다.
8. 학기 별 월간 주간 일간 교육을 체계적이고 감각적이면서도 반복적인 구성으로 학생들에게 올바른 학습 습관을 심어줄 수 있다.

한국형에니어그램 직업카드

 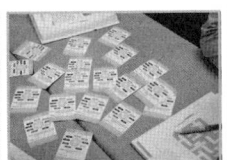 

▷ 한국형에니어그램성격유형의 특성에 따른 9가지 유형별 * 직업 20종 = 총180개 직업분류!
▷ 직업카드를 활용하여 청소년의 진로의식을 성숙시켜 올바른 직업관을 갖게한다. 직업카드게임 활용 극대화.
▷ 진로에 대한 고민을 하시는 분들께 꼭 필요한 도구입니다.
※ 검사도구는 한국에니어그램교육연구소의 1단계 이상 교육이수자에 한하여 구입이 가능 합니다.

한국형에니어그램 성장카드

한국형에니어그램 스토리텔링

한국형에니어그램 장점동물퍼즐

한국에니어그램교육연구소
WWW.KENNEAGRAM.COM

한국형에니어그램은 윤운성(2001)이 개발한 '한국형에니어그램성격유형 검사지(Korean Enneagram Personality Type Indicator: KEPTI) (성인용, 청소년용)'와 '한국형에니어그램 5단계 프로그램'을 말한다.

한국형에니어그램 성격유형검사지는 청소년용과 성인용으로 구분되어 있으며, 한국형 에니어그램 프로파일 및 응답지로 구성된 9가지 성격유형의 한국판 표준화검사지이다(성인용(Cronbach =.90, 재검사신뢰도 = .89, Riso(1996)와 공인타당도 = .82), 청소년용(Cronbach =.88, 재검사신뢰도 = .83)). 이 검사지를 통하여 자기를 관찰하고 이해하여 건강한 자기변형을 도모하기 위해 개발된 한국형에니어그램 5단계 프로그램은 심리학과 영성을 포함하고 있다. 한국형에니어그램은 저작권 및 출판권이 법적으로 등록되어 있으며, 한국에니어그램교육연구소를 통해 국내에 보급되고 있다.

KEPTI (성인용)

KEPTI-J (청소년용)

KEPTI-CLS (진로 및 학습유형검사)

한국형에니어그램 강사양성체계

1단계	에니어그램 이해(나를 찾아 떠나는 여행) 한국형검사 및 개관 힘의 중심, 9가지 성격, 분열과 통합	KEPTI검사지 사용자격 부여
2단계	에니어그램 탐구(나의 길을 따라가는 여행) 한국형 구체성, 자아의식, 행동방식, 악덕과 미덕	
3단계	에니어그램 적용(너와 내가 함께하는 여행) 하위유형, 인간관계, 성장전략	보고서 및 해석활용 이수 후 일반강사 자격 부여
4단계	에니어그램 평가(통합으로 가는 여행) 심리학적 이론, 발달수준, 의식성장, 심리내외적 통합	
심화단계	심층 에니어그램 의식수준(여기 그리고 지금) 심리학적 이론, 의식수준, 의식성장	전문강사 자격 필수과정
5단계	에니어그램 Supervision(가르치며 배우는 여행) 지도자 과정, Panel 리더십 교육, 영적성장, 방어기제	보고서 및 전문강사 훈련 이수 후 전문강사 자격 부여

한국에니어그램교육연구소
Korean Enneagram Education Center
http://www.kenneagram.com

청소년리더십진로교육센터
www.leadershipcareer.kr

청소년리더십진로교육센터는 자기발견, 자기이해, 자기변형의 강력한 도구인 한국형에니어그램을 기반으로 학생들의 글로벌 리더십과 주도적인 진로설계 능력을 배양함은 물론 선생님과 학부모님에게도 학생과 자녀의 특성을 이해하며 훌륭한 리더로 성장하도록 돕는 다양한 프로그램을 제공합니다.

비전과 사명

청소년들이 올바른 가치관을 확립하고 명확한 목표설정으로 미래의 주인공으로 성장하도록 안내한다.

교육프로그램

청소년리더십지도자과정
머리, 가슴, 장의 균형을 갖춘 리더를 양성하여 자신의 삶에 있어서 주인공으로 성장할 수 있도록 돕고, 자신의 관점으로만 세상을 바라보는 것이 아니라 타인을 인정하고 포용하며 실천력을 갖춘 전인적인 리더를 만들기 위한 지도자를 위한 과정이다.

자기주도학습지도자과정
청소년들에게 주도적으로 동기 유발되는 가정사회문화적인 환경을 만들어주고, 자신의 기본성격유형을 통한 자기이해 및 자기 발견 안에서 자기주도학습준비도와 자기주도학습과정을 통해 에니어그램통합과정으로써 자기주도학습능력과 의식성장을 도모하고, 궁극적으로 자기실현을 돕는 지도자 양성을 목표로 하는 과정이다.

청소년진로지도자과정
건강한 자기이해를 바탕으로 생애진로발달의 관점에서 자신의 진로에 대해 전체적인 조망을 할 수 있도록 구성 되어져 있다. 청소년진로지도자과정은 에니어그램을 통해 자신의 성격과 가치관 흥미 적성에 맞는 직업을 탐색한 후 진로를 위해 의사결정능력을 함양하는 최종적으로 진로를 계획하는데 도움을 주는 과정이다.

가족상담지도자과정
가족들이 생활을 하는데 여러 가지로 발생 할 수 있는 가족의 문제와 위기들을 에니어그램의 지혜를 이용하여 이 위기가 발생하지 않도록 또는 최소화할 수 있도록 미리 예방하도록 해주는 일을 하며 또한 이미 발생한 문제들을 잘 파악을 해서 원만하게 해결을 하여서 행복한 가정을 만들 수 있도록 도움을 주는 과정이다.

한국형에니어그램성격유형검사-청소년용(KEPTI-J)

한국형에니어그램성격유형검사-청소년용(KEPTI-J)는 9가지의 성격유형에 대해 81문항으로 구성된 전국 표준화 검사이다. 본 검사의 Cronbach-α는 .879, 재검사 신뢰도는 .830으로 매우 양호한 검사이다.

- 에니어그램을 통해 나를 찾고, 상대방에 대한 이해의 폭확대
- 자신에게 맞는 리더십 스타일에 대한 이해 및 삶 속에서 행복한 리더로 성장하도록 견인차 역할 수행
- 본인의 성격유형에 맞는 적합한 진로방향을 제시하여 자발적인 진로설계를 하도록 안내
- 본인의 스타일에 맞는 학습법을 제시하여 자기주도적인 학습능력과 자신감 고취

※본 검사는 지필검사, 온라인 및 OMR단체 검사 가능합니다.

청소년리더십진로교육센터
Junior Leadership Career Education Center
TEL: 02-3446-3165　www.leadershipcareer.kr　help@kenneagram.com

청소년상담가이드
한국형에니어그램 진로 및 학습유형검사 적용

발 행 / 2013년 7월
인 쇄 / 2013년 8월 19일 1판 1쇄
저 자 / 윤운성
발행인 / 윤운성
펴낸곳 / 한국에니어그램교육연구소 청소년리더십진로교육센터

서울시 금천구 가산동 60-19 SJ테크노빌 1116호
TEL / 02)3446-3165
FAX / (02)515-6784
E-mail / jlcec@kenneagram.com
Homepage / www.leadershipcareer.kr

http://www.kenneagram.com

ISBN 979-11-85115-02-3
값 / 20,000 원

파본은 교환해 드립니다.

이 책에 대한 모든 권한은 한국에니어그램교육연구소에 있으므로 무단전재와 복재를 금합니다.